I0137734

.

LE
BONHEUR

OU

NOUVEAU SYSTEME

DE

JURISPRUDENCE

NATURELLE.

A BERLIN.

M. DCCLIV.

LE BONHEUR.

CHAPITRE I.

Des États, de la Vie, & des Êtres heureux & mal-heureux.

L'HOMME existe : il en est convaincu par sentiment. Il sent qu'il est, & ne peut définir ce qu'est ce sentiment, ni ce qu'est l'existence.

§. 2. Cette perception, par laquelle on se convainc que l'on eſt , eſt immédiatement ſuivie de l'idée de l'exiſtence, idée qu'on ne peut définir parce qu'elle eſt ſimple.

§. 3. Outre la faculté par laquelle l'homme s'apperçoit qu'il eſt, il a celle de s'appercevoir qu'il y a d'autres choſes qui ſont : & l'idée d'être le convainc qu'il y a des choſes poſſibles.

§. 4. Parmi les choſes qui ſont & qu'on nomme *Etres*, il en trouve qui lui indiquent qu'ils exiſtent avec le ſentiment de leur exiſtence ; & d'autres qui ne donnent aucun indice de cet attribut. Par cette raiſon, il nomme les premiers, des *Etres intelligens* & les autres des Etres *non-intelligens*.

§. 5. Outre que l'homme ſent & apperçoit qu'il eſt, & qu'il apperçoit qu'il y a d'autres Etres, il s'apperçoit encore que lui-même & que tous les autres Etres

exiftent dans un certain état. On
entend ici par le mot *état* la maniere , la façon , dont un Etre
exifte.

§. 6. L'homme apperçoit que
fon état & celui des autres Etres
n'eft pas un moment le même ;
qu'ils exiftent en paffant continuellement d'une façon d'exifter à
une autre : par-là l'exiftence de
l'homme & celle de ces autres
Etres , eft dite une *exiftence fucceffive*.

§. 7. Tout Etre qui fent fon exiftence , fent par-là même qu'il
exifte d'une certaine maniere : &
comme il ne peut fe fentir être
en général de telle ou de telle
maniere , il fe fent dans un certain état déterminé.

§. 8. De-là il eft manifefte que
tout être intelligent ne fent que
fon état préfent ; puifque ce n'eft
pas dans un état paffé qu'il fe fent

A 3

être , lequel n'eſt plus , ni dans un état futur , lequel n'a pas lieu encore.

§. 9. Tout ſentiment que l'on a de ſon état eſt juſte , parce que le ſentiment ne ſe rapporte à aucun objet ; mais l'idée qu'on a de l'é-tat dans lequel on ſe trouve peut repréſenter cet état au juſte , le repréſenter en partie , ou n'y être point du tout conforme. Je veux prendre mon canif & je prends une clef ; je monte dans ma cham-bre croyant avoir mon canif & je me trouve la clef. Un homme à qui l'on a emporté le bras , ſent du mal à ce bras : ſon ſentiment ex-prime un homme à qui l'on a em-porté un bras & qui y a de la dou-leur, & ce ſentiment eſt juſte; mais l'idée de l'état qui rapporte la dou-leur au bras eſt fauſſe. Je nomme donc *juſte* toute idée d'un état , qui répond à cet état, & *fauſſe* toute idée qui n'y répond pas.

§. 10. Le ſentiment de l'exiſtence eſt tel que l'Etre qui ſent, aime mieux éprouver ce ſentiment, que de ne pas l'éprouver, ou mieux ne pas l'éprouver que de l'éprouver. Dans le premier cas il préfere ſon être au néant; dans le ſecond le néant à l'être : on ne peut pas aimer mieux éprouver un ſentiment que de ne le pas éprouver, ſans en même tems aimer mieux être que de ne pas être : & dès qu'on aime mieux ne pas éprouver un ſentiment, que de l'éprouver, on aime mieux exiſter ſans ſentiment, que d'en avoir; ce qui pour l'Etre intelligent revient à être réduit au néant. *

* Je conſidere ici l'effet d'un ſeul ſentiment. Quand on croit que l'homme en a pluſieurs, leur combinaiſon produit le même

§. 11. Quand le fentiment eft tel qu'on aime mieux l'éprouver que de ne pas l'éprouver, je le nomme *agréable* ; & je le nomme *défagréable* dans le fens contraire. On défigne en général les fentimens agréables par le mot *plaifirs*, & les defagréables par celui de *peines* ; ainfi que l'a fait Mr. de MAUPERTUIS,

§. 12. L'état accompagné d'un fentiment agréable eft dit *heureux*, *malheureux* celui qu'accompagne un fentiment defagréable. Tous les fentimens font donc agréables ou defagréables, & tous les états de l'Etre intelligent heureux ou

effet que produit un feul fentiment. J'ai mal aux dents : je préfere pourtant mon exiftence au neant, parce qu'elle eft accompagnée d'autres fenfations, & d'idées qui opérant fur mon entendement, me font préférer l'être au néant.

malheureux. Rélativement à l'état heureux on nomme *heureux* l'Etre qui joüit de cet état, & dans le même fens *malheureux* celui qui fe trouve dans un état contraire.

§. 13. D'où il paroît (§. 10-12) qu'un Etre eft heureux dès qu'il préfere fon exiftence au néant ; & qu'un Etre eft malheureux dès qu'il préfere le néant à fon exiftence.

§. 14. Par conféquent un Etre immuable, un être qui n'exifte pas par fucceffions d'états, qui exifte toujours de la même maniere, fera conftamment heureux, fi le fenti-ment de fon état eft agréable ; & conftamment malheureux dans un cas contraire : il en eft de même pour l'Etre dont l'exiftence fuc-ceffive le fera paffer conftamment par des états ou heureux ou mal-heureux ; mais l'Etre dont l'exiftence fucceffive le fera paffer alternativement, par des états heureux & malheureux fera auffi alternativement heureux & malheureux. (§. 10-14.)

§. 15. Un Etre qui ne fent pas fon exiftence, ne joüit d'aucun fentiment. Il n'eft ni heureux ni malheureux; & les Etres intelligens réduits à ne rien fentir font dans le même cas.

§. 16. L'idée de l'exiftence fucceffive nous donne celle de la durée. La durée eft une exiftence continuée ou la continuation de l'exiftence. A s'eft trouvé à N. pendant que j'étois à T. A s'eft trouvé à N pendant que j'étois à U. Donc, foit qu'A ait changé ou non, A a exifté pendant que j'ai changé d'états; donc A a duré.

§. 17. L'exiftence fucceffive eft propre à tous les Etres intelligens

que nous connoiſſons par les ſens ;
c'eſt par elle qu'un Être peut ſe
trouver dans des états différens , &
alternativement dans des états heureux & malheureux. (§. 6. 14.)

§. 18. Chaque état d'un tel Être
forme une partie de toute la ſuite
des états qui compoſent ſon exiſtence entiere ; ſa durée répond à
cette ſuite , & chaque état à chaque partie de la durée. Les parties de la durée ſe nomment *momens* : nous nommons *états momentanés* ceux qui y répondent.

§. 19. Communément le vulgai-
re enviſage comme un ſeul état
une certaine ſuite d'états , dans
leſquels il ne trouve aucune différence notable : il déſigne auſſi ſou-
vent les états momentanés par le
mot *momens*. Les momens heureux
reviennent à ce que nous appellons états heureux, &c. Nous in-

diquons ces petites différences pour prévenir toute confusion. Les mots font arbitraires ; mais lorfqu'il s'agit de traiter une matiere démonftrativement, on ne peut apporter trop de foins pour en fixer le fens.

§. 20. La fomme totale, toute la fuite des états par lefquels un Etre continue fon exiftence, eft ce que l'on nomme la *Vie* d'un Etre.

§. 21. Ainfi la vie d'un Etre dont l'exiftence immuable eft accompagnée d'un fentiment agréable, & celle d'un Etre qui par fucceffion paffera par une fuite d'états heureux, fera heureufe : & là où le contraire aura lieu, la vie fera malheureufe. (§. 14.)

§. 22. De la même maniere & par la même raifon qu'un Etre préfere fon exiftence au néant ; ou le néant à fon exiftence, il pré-

féreroit fa vie au néant, ou le
néant à fa vie, s'il en pouvoit appercevoir toute la combinaifon.
Par conféquent, fi la vie eft un
compofé d'états heureux & malheureux, elle fera heureufe ou
malheureufe à mefure que les uns
l'emporteront fur les autres.

§. 23. Ainfi, quoique rélativement à quelque état particulier,
ou à quelque fuite d'états heureux, un Etre dont l'exiftence eft
fucceffive, foit heureux, (§. 14.)
il ne le fera pourtant rélativement
à fa vie, qu'autant que les états
heureux l'emporteront fur les malheureux (§. 21. 22.) & de même il
fera malheureux à proportion que
fes états malheureux l'emporteront fur les heureux. Je nomme
donc *véritablement heureux* l'Etre
dont la vie eft heureufe; *vérita-*
blement malheureux celui dont la
vie eft malheureufe.

§. 24. Dès qu'on dit un Etre ,
dont l'exiftence eft fucceffive , on
parle d'un Etre qui paffe continuellement d'un état à l'autre :
ces états doivent être différens ;
s'ils ne l'étoient pas , l'Etre ne
pafferoit pas d'un état à l'autre ,
il continueroit d'exifter dans le
même état , & par conféquent fon
exiftence ne feroit plus fucceffive.
Il eft donc néceffaire , que deux
états dans lefquels un Etre paffé
fucceffivement , foient différens.

§. 25. Tous les Etats d'un Etre
doivent être différens , de maniere
qu'il eft impoffible qu'un Etre fe
trouve deux fois dans le même
état. En voici la demonftration.
L'état dans lequel un Etre s'eft
trouvé , étant paffé , la caufe , quelle qu'elle foit , qui avoit produit
cét état , n'exifte plus ; puifque
toute caufe ceffe d'être dès qu'elle

a produit fon effet : elle ne peut
donc le produire une feconde fois
qu'en exiftant elle-même une feconde fois ; mais cela eft impoffible : car cette caufe exifteroit
alors comme effet d'une caufe antérieure, & celle-ci devroit encore exifter comme effet d'une caufe
antérieure, & ainfi de fuite ; de
forte qu'étant obligé de remonter
de caufe en caufe, il vaudroit autant dire que deux univers peuvent
exifter deux fois, qu'une chofe
peut exifter à la fois & ne pas exifter, que d'affirmer qu'un Etre,
dont l'exiftence eft fucceffive,
peut fe trouver dans deux états
parfaitement femblables.

§. 26. Les états étant différens,
il faut que les fentimens qui les
accompagnent, le foient auffi, puifqu'il eft contradictoire que le même rapport qui fubfifte entre deux

chofes , puiffe fubfifter entre l'une
de ces chofes & une troifiéme.
Entre A & B il y a le rapport C.
D eft différent de B , donc le rap-
port C ne peut avoir lieu entre
A & D.

§. 27. Les fentimens étant agréables ou defagréables , & différens
les uns des autres, ils ne peuvent
différer que par le plus ou le moins.
L'effet des fentimens eft qu'ils
nous font préférer ou l'être au
néant ou le néant à l'être. Or puifqu'ils font différens & qu'ils ne
peuvent différer que par le plus &
le moins , il faut qu'ils different en
ce qu'ils font préférer plus ou
moins l'être au néant , ou le néant
à l'être. A mefure que le fentiment fera tel, il fera plus ou moins
agréable ; & l'état qu'il accompa-
gnera plus ou moins heureux, &c.

§. 28. On peut nommer intenfité

fité cet attribut du fentiment, qui fait préférer un état plus ou moins au néant : ce terme, emprunté de la Phyfique, exprime l'idée de cet attribut. Mr. de MAUPERTUIS s'en eft fervi dans fon *Effai de Philofophie morale.*

§. 29. L'intenfité du fentiment faifant préférer un état au néant, ou le néant à cet état à mefure qu'il eft plus ou moins agréable, elle fait par cela même préférer tel état à tel autre. On nomme cet acte de l'entendement, par lequel on préfere un état à l'autre, la *volonté.*

§. 30. Puifque l'agrément du fentiment fait qu'on préfere l'exiftence au néant (§. 10. 11.) & que l'agrément peut être plus ou moins grand (§. 27.) plus un être le concevra tel, plus il préférera fon exiftence au néant ou le néant à fon être ; tel état à tel autre : c'est-à-dire sa volonté se portera & sera déterminée vers l'un ou l'autre côté , selon le degré d'agrément ou de desagrément qu'il concevra devoir accompagner son état.

§. 31. Les Etats sont plus ou moins heureux (§. 27.). La vie le sera dans la même proportion (§. 20 - 22.) ainsi que les Etres (§. 23).

CHAPITRE II.

Des différentes efpéces d'états ;
d'Etres & de Vies heureux
& malheureux.

§. 32.

LES états heureux & malheureux font tels par deux différentes caufes. Il y en a qui le font
par leur effence , d'autres par les
conftitutions de l'Etre qui s'y trouve. Il eft effentiel à tel état d'être
accompagné d'un fentiment agréable ou defagréable ; & il eft de la
conftitution de tel Etre de jouir
dans tel état d'un fentiment agréable ou defagréable.

L'expérience le prouve. Voyez
Clariffe. Elle eft eftimée : abftra-

ction faite d'autres circonstances
il est essentiel à l'état de Clarisse
d'être heureux, puisque le sentiment d'être estimé ne peut qu'ê-
tre agréable. Le contraire a lieu
par rapport au mépris.

L'estime est *l'aveu d'un Etre intelligent , par lequel il reconnoît
dans un autre Etre intelligent une
disposition à faire plaisir aux autres.*
C'est l'idée qu'un soldat brave se
conduira bien dans une action,
qu'un marchand fournira le moyen
de subsister à plusieurs familles ,
qu'un homme de Lettres nous
apprendra des vérités salutaires,
qu'un Ministre d'Etat dirigera ses
soins au bien public ; c'est cette
idée qui nous porte à l'estime, à
l'aveu qu'ils sont en état & dis-
posés de contribuer aux agrémens
de la vie. Or cet aveu emporte à
la fois celui qu'il y a des Etres aux-

quels un tel Etre peut faire plaifir, & dès qu'on le marque, on
témoigne en même tems qu'il y
a des Etres dont l'intérêt eft de
chercher à y participer : or ces
Etres ne peuvent chercher à y
participer qu'en montrant à la
perfonne eftimée une difpofition
convenable pour la porter à s'in-
téreffer pour eux ; & ils ne
peuvent montrer cette difpofition fans fe montrer à la fois
difpofés à augmenter les plaifirs
de la perfonne eftimée : ainfi
dès qu'une perfonne fe voit eftimée, elle doit néceffairement en
conclure qu'il y a des Etres difpofés à augmenter fes plaifirs ; or
comme elle défire néceffairement
les plaifirs (§. 10. 11.) , il eft évident qu'elle ne peut qu'être agréa-
blement affectée de la perfuafion
que des Etres font difpofés à les
lui augmenter : donc la perfua-

fion qu'on eft eftimé eft un fentiment néceffairement agréable. Il
en eft de même du fentiment
d'être aimé, recherché, &c.

§. 33. L'eftime eft fondée fur
les qualités qu'on reconnoît dans
un Etre intelligent (§. 32.), elle
fera donc proportionnelle à ces
qualités, elle fera forte à mefure
qu'on concevra l'Etre dans la difpofition d'augmenter les plaifirs
de tel ou de tel nombre d'Etres, le
nombre des plaifirs, leur intenfité. Ainfi le fentiment d'être eftimé fera un plaifir plus ou moins
grand dans le rapport de ces trois
raifons combinées. Il en eft de
même de l'amour, du refpect, &c.

§. 34. Comme il y a des états,
qui font heureux ou malheureux
par leur effence, il y en a d'autres
qui le font par la conftitution de
l'Etre qui s'y trouve. *Themonte*

fe plaît au billard, & *Alcibe* aux échecs. *Themonte* s'ennuie aux échecs, & *Alcibe* au billard. La caufe de l'agrément ne fe trouve pas dans ces deux jeux différens; il la faut uniquement chercher dans la conftitution particuliere de ces deux perfonnes. Il n'eft pas de l'effence de ces deux jeux de donner du plaifir, mais il eft de la conftitution de *Themonte* de fe plaire à celui qui ennuie *Alcibe*, & de la conftitution d'*Alcibe* de fe plaire à celui auquel *Themonte* s'ennuie,

§. 35. Il y a donc dans les états heureux & malheureux, quant à leur caufe, une différence notable. On peut nommer *état heureux abfolu* celui qui par fon effence eft accompagné d'un fentiment agréable, *état malheureux abfolu* celui qui par fon effence eft accompagné

B 4

d'un fentiment contraire ; *heureux rélatif* ou *rélativement heureux* celui qui l'eft , parce qu'il eft de la conftitution de l'Etre qui s'y trouve de joüir alors d'un fentiment agréable ; enfin état *malheureux rélatif* ou *rélativement malheureux* celui qu'accompagne un fentiment defagréable , parce qu'il eft de la conftitution de l'Etre qui s'y trouve d'avoir dans cet état un fentiment defagréable. De la même maniere les Etres font *rélativevement* ou *abfolument heureux* ou *malheureux.*

§. 36. Comme il eft de l'effence de l'état abfolument heureux d'être accompagné d'un fentiment agréable (§. 32.) , il eft évident qu'il le fera toujours, & pour tous les Etres intelligens : que le rélatif ne peut l'être toujours pour les Etres dont l'exiftence eft fuc-

ceffive , ni pour tous les Etres. Il
en eft de même des états malheureux.

§. 37. Le fentiment de fon état
eft ce qui fait préférer l'exiftence
au néant , ou le néant à l'être
(§. 10.), & l'idée que tel état fera
plus ou moins heureux eft ce qui
détermine la volonté, à fe porter vers tel ou tel état (§. 29.).
Ce n'eft donc pas l'état , mais le
fentiment qui accompagne un état
qui rend un être heureux ou malheureux : car dans quelque état
qu'un Etre fe trouve ou puiffe fe
trouver , dès que le fentiment
qu'il a de fon état eft agréable , fon
état eft heureux , & il eft malheureux dès que ce fentiment eft defagréable (§. 12.).

§. 38. L'idée qu'on a de fon
état eft ou jufte ou fauffe (§. 9.).
Quand cette idée eft jufte & qu'el-

le exprime un état heureux je
nomme cet *état réellement heureux;*
je nomme de même *réellement mal-*
heureux celui qui eft exprimé par
une idée jufte. Quand l'idée eft
fauffe & qu'elle exprime un état
heureux , je nomme cet état un
état heureux trompeur. Je caractérife de même un *état malheureux*
trompeur. Je nomme fur le même
fondement *réellement heureux* ou
malheureux l'Etre qui a une idée
jufte de fon état ; & *chimérique-*
ment heureux ou *malheureux* celui
qui a une fauffe idée de fon état,
C'eft là le fondement de la diftinction entre le *bonum verum* &
bonum imaginarium , comme on le
verra par la fuite.

§. 39. De ce que nous avons
dit s'enfuit que la vie d'un Etre
intelligent , dont l'exiftence eft
fucceffive peut être compofée d'é-

tats non-feulement plus ou moins
heureux & plus ou moins malheureux en général, mais de toutes
ces différentes efpeces d'états in-
diqués ci-deffus : que tout le compofé, que toute la fuite d'états fuc-
ceffifs que nous nommons la vie
de l'Etre (§. 20.) qui les parcourt,
fera heureufe ou malheureufe felon la regle établie ci-deffus ; &
par conféquent, qu'un Etre, quoique heureux pour un moment, ne
fera pourtant un Etre véritablement heureux, que lorfque, tout
calcul fait, fes fentimens agréables
l'emporteront dans tout le cours
de fa vie fur les defagréables & *viciffim*, felon le (§. 23.) & qu'un
état ne peut être véritablement
heureux, quelque heureux qu'on
puiffe le fuppofer, s'il doit être
fuivi d'états malheureux qui le
furpaffent.

§. 40. C'eft l'intenfité des perceptions, ou bien l'idée que nous avons de cette intenfité qui nous fait préférer tel état heureux à tel autre état heureux & tel état malheureux à tel autre état malheureux, de maniere que l'état A étant préféré au néant d'un dégré ; & l'intenfité dont nous venons de parler rendant l'état B préférable d'un degré à celui de A, rend cet état B préférable au néant de deux dégrés. De-là il paroît qu'en pourfuivant cet ordre, ou un ordre femblable d'états heureux, on aura une fuite d'états heureux, qui iront tous en croiffant : que l'état A foit préférable à celui de B d'un demi dégré & d'un dégré au néant, celui de B fera préférable au néant d'un demi dégré, & pourfuivant cet ordre, vous acquerrez une fuite décroiffante d'états heureux, fuppofant le premier terme A. C'eft à ce rapport d'un état à l'autre que

nous devons les expreſſions de *plus*
ou *moins heureux* , *plus* ou *moins*
malheureux , un *plaiſir plus* ou *moins*
grand.

§. 41. Souvent dans le diſcours
journalier on ne caractériſe pas
tant les Etres heureux ou malheureux ſelon l'état dans lequel ils ſe
trouvent, qu'on le fait ſelon la
tranſition d'un état à l'autre. *Leu-*
cippe commence un négoce, ce négoce réuſſit, il ne ſouffre aucune
banqueroute , ſes progrès lui donnent le moyen de faire de grandes
entrepriſes ; elles réuſſiſſent à ſon
gré : il a amaſſé des tréſors & paſſé
le reſte de ſes jours en tranquillité
& dans les douceurs qu'une ai-
mable famille peut lui faire goûter.
Voila un homme heureux & tout
le monde s'empreſſe à vous le faire
connoître comme tel ; mais qu'on
ſe repréſente ce même *Leucippe* ,
dès l'âge de raiſon , maître des tré-

fors qu'on lui fuppofoit acquis ;
jouiffant de la tranquillité & des
douceurs d'une vie délicieufe ,
fans commerce & fans le fuccès
des entreprifes , perfonne ou du
moins fort peu de gens jetteront
les yeux fur lui , & fi on l'appelle
heureux , on mettra fon état bien
au-deffous de l'autre. C'eft dans
le même fens qu'on nomme fouvent heureux un criminel , auquel
on inflige un moindre châtiment
que celui qu'il avoit mérité, parce
que l'on croit voir dans fon état
paffé un état futur plus malheureux que celui auquel il a paffé.
Il en eft de même quand on parle
de perfonnes malheureufes ; la
plûpart du tems on ne confidere
pas tant les états que la tranfition
aux états. C'eft pour cette raifon
qu'on trouve tant de malheureux
dans le monde ; & qu'on n'en
trouveroit peut-être aucun , fi l'on
y faifoit quelque attention.

CHAPITRE III.

De l'Influence du souvenir & de la Prévoyance sur les états de l'Etre intelligent.

§. 42.

QUAND faisant attention à nous-mêmes nous sentons non-seulement que nous sommes, mais nous nous convainquons, nous appercevons, nous sentons, en quelque maniere que nous avons été & que notre état présent n'est que l'antécédent d'un état postérieur, ou futur. Nous appercevons que l'état dans lequel nous avons été, & dans lequel nous sommes, a été précédé d'un état antérieur, celui-ci d'un autre & ainsi de suite : de même

(32)

nous nous convainquons que l'é-
tat dans lequel nous fommes fera
fuivi d'un autre, celui-ci d'un autre, & ainfi de fuite. Nous allons
confidérer l'influence de cette
faculté de l'Etre intelligent fur
fes états.

§. 43. Un Etre capable de fouvenir & de prévoyance peut exifter (1) avec l'idée fimple qu'il a
exifté (2); avec l'idée fimple qu'il
fera (3) ; avec l'idée qu'il a été &
qu'il fera (4) ; avec l'idée qu'il a
été & celle de l'état dans lequel il
a été (5) ; avec l'idée qu'il fera &
celle de l'état dans lequel il fera
(6), avec les idées qu'il a été, de
l'état dans lequel il a été, qu'il
fera & celle de l'état dans lequel
il fera (7); enfin avec l'idée de plufieurs états anterieurs & pofté-
rieurs. Toutes ces idées peuvent
être plus ou moins juftes ou fauffes.

§. 44.

§. 44. L'idée que nous nous formons de nos états paſſés ſe nomme *ſouvenir*. On nomme *prévoyan-*
ce la faculté de ſe retracer les
états futurs. Quand nous nous
reſſouvenons d'un état , nous nous
reſſouvenons en même tems s'il
a été agréable ou non : de même
en nous retraçant un état futur ,
nous nous le retraçons comme devant être agréable ou deſagréable.

§. 45. Le premier effet du ſouvenir eſt que celui qui a à la fois
une idée de ſon état actuel & de
celui ou de ceux dans leſquels il
s'eſt trouvé , préfere non-ſeulement ſon état au néant , ou le
néant à l'état dans lequel il ſe
trouve, mais comparant ſon état
actuel aux paſſés , cette compa-
raiſon augmente ou diminue l'intenſité de l'agrément ou du déſa-
grément de ſon état actuel.

C

Un homme revenu d'un voyage qui l'a expofé à mille dangers, fe réjouit non-feulement de fe voir dans l'état de tranquillité qu'il goûte; mais fe rappellant les périls auxquels il a échapé , fon état lui devient plus précieux, & l'agrément en eft plus fort. *Chaulieu* fe rappellant les plaifirs de fa jeuneffe s'en rejouiffoit.

§. 46. La prévoyance nous repréfente certains états comme pouvant ou devant réfulter de notre état préfent : ainfi l'agrément ou le defagrément de notre état préfent augmente à mefure que nous les fuppofons heureux ou malheureux.

§. 47. Comme les idées qui repréfentent nos états peuvent être ou juftes ou fauffes, ainfi le fouvenir & la prévoyance peuvent être juftes ou faux.

§. 48. L'entendement ne fe
borne pas à cela ; pour peu qu'un
Etre ait du fouvenir & de la prévoyance, il compare non-feulement les états par lefquels il a paffé avec ceux auxquels il croit pouvoir parvenir ; mais par une com-
paraifon compliquée & une combinaifon formée des états dont il a
l'idée, il s'en repréfente plufieurs,
dont il préfere celui qu'il croit devoir le plus contribuer à augmenter fes plaifirs.

§. 49. L'Etre intelligent fera
content de fon état, de fa vie,
dès qu'il paffera conftamment à
des états qu'il préfere à tous ceux
dont il a l'idée : car le contentement n'eft que l'acquiefcement
à l'état dans lequel on eft.

§. 50. Il arrive de-là qu'on fera
d'autant plus facile à fe contenter,

C 2

qu'on aura moins d'idées d'états plus heureux, c'eſt-à-dire, à meſure que l'intelligence ſera bornée; & qu'on ſera d'un autre côté d'autant plus difficile, qu'on connoîtra des états plus heureux que ceux auxquels on peut parvenir.

§. 51. Comme le contentement eſt un acquieſcement dans l'état dont on jouit, il en réſulte que le plus grand dégré de félicité pour chaque individu eſt celui du contentement.

§. 52. Cette conſéquence paroîtra paradoxe, puiſqu'elle inſinue une égalité entre les états qui contentent, tandis qu'il eſt prouvé ci-deſſus qu'il y a de la différence & même des différences eſſentielles entre les états. Pour lever cette contradiction apparente, il n'y a qu'à faire attention aux différens effets qu'un même état & que différens états peuvent produire fur un Etre & fur différens Etres. Ce n'eſt que rélativement aux Etres, qui ſe contentent de leur état, qu'il eſt le plus heureux pour eux, mais conſidéré en lui-même, il ne l'eſt pas. L'état le plus heureux feroit celui, qui contenteroit tout Etre intelligent qui s'y trouveroit. C'eſt celui de l'Etre ſuprême.

§. 53. Cela nous fait voir que tous les Etres, quoique différens à tous égards, peuvent tous jouir d'un état, qui ſoit le plus heureux pour eux. Ainſi ſi nous prenons la peine de conſidérer tous les objets qui nous environnent, les Etres intelligens qui s'y préſentent, nous verrons qu'il y a tou-jours un rapport entre le dégré d'intelligence & le dégré d'agré-

ment, ou de defagrément, dont
les états font accompagnés : que les
intelligences fufceptibles de perceptions plus fortes, fufceptibles
d'états plus heureux, le font auffi
par-là d'états plus malheureux ;
& que le defir de parvenir à un
meilleur état accroît en raifon de
la facilité qu'on a à connoître les
états, à mefure qu'on fent les dé-
fauts de fon état ; à mefure qu'on
en eft mécontent.

CHAPITRE IV.

Du Bonheur.

§. 54.

TOus les Etres que nous connoiſſons par les ſens exiſtent
par ſucceſſion d'états ; c'eſt-à-dire
qu'ils paſſent continuellement
d'un état à l'autre ; ce changement
qui arrive à l'Etre lorſqu'il paſſe
d'un état à l'autre, s'appelle *tranſition*.

§. 55. Je la nomme *heureuſe*
quand elle fait paſſer l'Etre d'un
état malheureux à un état heureux,
d'un état heureux à un autre qui
l'eſt davantage, &c. & je nomme
malheureuſe toute tranſition contraire. Ainſi les tranſitions auront
comme les états leur accroiſſe-

C 4

ment & décroiffement, elles feront plus ou moins heureufes ; elles le feront abfolument, rélativement , felon les états auxquels
elles feront paffer l'Etre.

§. 56. Qu'on y faffe attention,
& l'on trouvera que c'eft cette
tranfition qu'on nomme *bonheur* ,
quand elle eft heureufe ; & *malheur* quand elle eft malheureufe.
Jouir d'un bonheur conftant , cela
veut dire paffer continuellement
d'un état heureux à un autre qui
l'eft davantage : n'avoir que du
malheur c'eft paffer d'états malheureux à d'autres qui le font davantage , &c. Puifque les mots de
bonheur & de malheur répondent
à ceux de tranfition heureufe &
malheureufe , il y aura autant de
différens bonheurs & malheurs
qu'il y a de différentes fortes d'é-
tats heureux & malheureux.

§. 57. Ainſi un Etre dont la vie ſera un compoſé de momens heu-reux & malheureux , aura du bon-heur & du malheur alternative-ment : ſon bonheur ſera en raiſon du nombre des états heureux par leſquels il aura paſſé , & le mal-heur en raiſon des Etats oppoſés.

§. 58. Comme la tranſition peut être plus ou moins heureuſe (§. 55.), le bonheur accroîtra ou décroîtra à proportion. *Phylidas* a fait hier au ſoir une partie de qua-drille. J'ai eû du bonheur m'a-t-il dit en ſoupant ; j'ai gagné cent Louis. La tranſition de ſon état avant le jeu à celui après le jeu, a été heureuſe ; elle l'auroit été da-vantage ſi au lieu de cent Louis il en eut gagné deux cents ; & ſon bonheur auroit été plus grand : car on déſigne par les mots *grand* & *pe-tit* ces différens accroiſſemens ; de même que lorsqu'on dit , il a eu *beaucoup* ou *peu* de bonheur.

Le bonheur total d'un Etre est donc en raison du nombre des états heureux par lesquels il aura passé , & du plus ou moins que ces états auront été heureux. Il en est ainsi du malheur.

§. 59. Un état n'est pas heureux s'il doit être suivi d'un état malheureux , dont le sentiment l'emporte sur celui du premier (§. 39); de-là & de ce que nous avons dit plus haut (§. 23.) il est évident que la transition n'est pas heureuse & qu'e ce n'est pas un bonheur, quand on passe à un état qui étant heureux en faisant abstraction de l'état auquel il méne , doit être suivi d'un état malheureux dont le desagrément surpassera l'agrément de l'autre état. Ce n'est pas un bonheur pour *Decius* d'avoir hérité

cent mille livres : il va les dépen-
fer, & la mifere qui en fera la fuite
lui fera plus fâcheufe qu'aupara-
vant.

On nomme à caufe de cela *vrai
bonheur* la tranfition véritablement
heureufe, celle qui donne des é-
tats véritablement heureux ; & de
la même maniére *vrai malheur* toute tranfition qui méne à des états
véritablement malheureux. Sur le
même fondement on nomme *faux
bonheur & faux malheur* celles qui
ménent à des états chimérique-
ment heureux ou malheureux.

§. 60. Ainfi tout Etre qui joui-
ra d'une tranfition par des états
heureux qui furpafferont les malheureux, goûtera un vrai bonheur
& *viciſſim*. Ce ne fera pas un
bonheur pour l'Etre de paffer à
un état heureux ou à plufieurs

états heureux dont des états malheureux plus forts feront la fuite ;
ce ne fera pas en revanche un malheur de paffer à des momens malheureux, qui devront être fuivis
de momens heureux qui furpafferont les premiers en intenfité : enfin pour l'exprimer en deux mots,
il n'y a qu'un bonheur, c'eft celui qui rend la vie d'un Etre heureufe ; il n'y a qu'un malheur c'eft
celui qui rend la vie malheureufe.
Ce bonheur & ce malheur feront
plus ou moins grands à proportion
que cette vie fera plus ou moins
heureufe, fuivant les détermina-
tions données ci-deffus.

§. 61. Le bonheur confifte dans
la tranfition aux états heureux ;
la félicité dans la jouiffance
des états que le bonheur nous
procure.

CHAPITRE V.

Du Bien & du Mal.

§. 62.

D'Abord que nous concevons qu'il vaut mieux qu'une chose soit que si elle n'étoit pas , nous difons que c'eft un *bien*; & nous appellons *mal* dès que nous jugeons qu'il vaut mieux qu'elle ne soit pas que d'être.

L'exiftence du soleil , des fruits de la terre, de notre faculté intellectuelle , eft un bien , & nous lui donnons ce nom , parce que nous croyons qu'il vaut mieux que le soleil & les fruits de la terre exiftent que s'ils n'exiftoient pas : & parce que nous nous imaginons

qu'il vaudroit mieux que des ma-
ladies contagieufes, des inonda-
tions, que les rigueurs des faifons
n'euffent point lieu ; nous les nommons maux, quoiqu'ils démentent
peut-être ce jugement de notre
part. Ainfi le mot *bien* dans un fens
géneral fignifie *toute exiftence préférable au néant*, & *mal toute exiftence à laquelle le néant eft préférable.*

§. 63. Il réfulte de cette définition.

(1.) Que les idées de bien &
de mal font des idées rélatives,
qui fuppofent un Etre qui préfere.

(2.) Que ces mêmes idées font
fondées fur une raifon, qui rend
l'exiftence d'une chofe préférable
à fa non exiftence ; & au contraire.

Puifque ces idées font fondées
fur une raifon de préférence, elles

ne peuvent pas être rélatives à des
Etres inanimés. Ce n'eft donc que
rélativement aux Etres intelligens
qu'il y a du *bien* & du *mal.*

§. 64. Les Etres intelligens préferent leur exiftence au néant, à
raifon que leurs états font heureux ; ils préferent par conféquent
l'exiftence des caufes, propres à les
rendre heureux à la non exiftence
de ces caufes. Rélativement donc
à ces Etres toute chofe qui contribue à leur bonheur, eft un *bien* ;
& tout ce qui tend à le diminuer,
un *mal.*

§. 65. Une chofe peut non-feulement contribuer, mais contribue
en effet à augmenter le bonheur
ou le malheur de plufieurs. Etres
à la fois, ainfi rélativement à un
Etre qui préfere le bonheur de
plufieurs Etres à celui d'un feul,

l'exiſtence d'une telle choſe ſera non - ſeulement préférable à ſa non exiſtence, mais cette exiſtence ſera encore préférable à celle de ces choſes qui ne contribuent qu'au bonheur d'un ſeul Etre, ou d'un moindre nombre d'Etres. Voila une raiſon, pourquoi les *Biens* & les *Maux* ſont *plus grands, plus petits,* &c.

§. 66. Tout ce qui contribue au bonheur d'un Etre, eſt un *bien*; tout ce qui tend à le diminuer, un *mal* (§. 64.). Proportionnellement donc au dégré de félicité qu'une choſe conciliera à l'état d'un Etre cette choſe ſera pour lui plus ou moins préférable. Il en eſt de même du mal. Autre raiſon pourquoi les Biens & les Maux ſont plus grands & plus petits.

§. 67. Combinant les deux paragraphes (§. 65. 66.) l'on trouve
que

que le bien eſt en raiſon du pro‑
duit de la ſomme des Etats heu‑
reux, de leur intenſité, & du
nombre des Etres auxquels il s'é‑
tend. Il en eſt de même dans un
ſens contraire.

§. 68. Si de deux Etres il ſe
trouve dans l'un une raiſon de
préférer l'exiſtence d'une choſe à
ſa non‑exiſtence, & dans l'autre
une raiſon contraire, cette même
choſe fera un bien pour l'un & un
mal pour l'autre (§. 62. 64.).

§. 69. Cette choſe fera un bien
ſi ſelon l'évaluation donnée au
(§. 67.) l'excès eſt pour le bien,
parce que la raiſon combinée pour‑
quoi il vaut mieux que cette choſe
ſoit que non, eſt plus forte que la
raiſon contraire : puiſqu'un Etre,
qui combineroit tout , trouveroit
que l'exiſtence d'une telle choſe

D

eſt préférable à ſa non-exiſtence, & cela proportionellement à l'excès du bonheur qu'elle procureroit aux Etres ſur les malheurs qu'elle leur cauſeroit.

§. 70. Puiſque le Bien eſt tout ce qui contribue au bonheur des Etres, & le Mal ce qui produit un effet contraire, il y aura autant de différentes ſortes de biens & de maux, qu'il y a de différentes ſortes d'états heureux, malheureux, &c. Il y a des biens abſolus, rélatifs, chimériques, &c.

§. 71. Le Bien & le Mal dépendent de l'effet que produit l'exiſtence d'une choſe ſur le bonheur de la totalité des Etres ſur leſquels cette exiſtence influe. Ainſi pour pouvoir exactement déterminer, ſi une choſe eſt un bien ou un mal, il faudroit pouvoir évaluer cet

effet dans tous fes rapports. Il faudroit pour cela une connoiffance
parfaite des différentes pofitions
dans lefquelles ces Etres fe trouvent, de leurs rélations, &c. Cela
n'eft donné qu'à l'intelligence
parfaite. Celles qui ne le font pas
décideront jufte à mefure qu'elles
approcheront de cette perfection.

Ceux qui s'émancipent, à dé-
clamer contre le mal phyfique &
le mal moral, fe fuppofent donc
plus inftruits qu'ils ne le font &
ne peuvent l'être.

§. 72. Le Bien fuprême eft
l'exiftence qui s'étend au bonheur
de tous les Etres, & lui donne le
plus grand accroiffement poffible.
C'eft celle de la Divinité.

CHAPITRE VI.

Des Etats heureux & malheureux & du bonheur & malheur de l'homme.

§. 73.

L'Homme eſt un Etre intelligent & corporel : ſa nature eſt d'exiſter par une ſuite ſucceſſive d'états. C'eſt entant qu'Etre intelligent qu'il eſt ſuſceptible de bonheur & de malheur (§. 10. 54-56.) ; & c'eſt entant qu'Etre, dont l'exiſtence eſt ſucceſſive, que tout ce que nous avons déduit de la nature de ces Etres lui eſt applicable.

§. 74. Nous paſſons continuellement d'un état à un autre ; tous nos états font différens , toutes nos perceptions le font. La preuve s'en trouve aux (§. 6. 24-26.). L'expérience nous en convainc. Tels fentimens , telles perceptions font plus agréables que les autres. *Artémife* chante bien , mais je lui préfere *Sophonisbe.* Si vous voulez des différences parlantes de ce que Mr. de MAUPERTUIS nomme l'intenfité des perceptions fuivez *Cléon* au repas , au bal , à l'Opéra.

§. 75. La vie de l'homme eft compofée d'une fuite d'états dif-férens : ces états ou ces différentes fituations forment un tiffu d'é-tats différens felon la combinaifon donnée au (§. 22. 23.). Notre vie eft telle que les momens qui en rempliffent l'efpace font tour-à-tour heureux ou malheureux felon cette combinaifon.

D 3

§. 76. Outre qu'il nous eſt commun avec tous les Etres qui exiſtent, avec un ſentiment de leur état, de ſentir que nous ſommes, & d'avoir une idée de notre état, nous avons encore la faculté de nous reſſouvenir plus ou moins de nos états, paſſés & de prévoir plus ou moins nos états futurs, ceux qui pourront réſulter d'un état préſent : ainſi à cet égard tout ce que nous avons dit de ces deux propriétés, aux (§. 43-53.) nous eſt applicable.

§. 77. De plus, notre nature n'eſt pas bornée aux idées que nous nous formons ſur les états par leſquels nous avons paſſé ; ces idées s'étendent encore ſur les états des Etres qui exiſtent avec nous. Nous les voyons : nous les appercevons : ils ſe préſentent à notre entendement ſous un cer-

tain afpect ; comme des Etres qui
ont une exiftence déterminée , qui
exiftent d'une façon qui leur eft
propre. De-là nous nous formons
une idée de l'état de ces Etres ,
& nous les nommons intelligens ,
& plus ou moins intelligens à proportion des fignes par lefquels
nous croyons remarquer qu'ils ont
le fentiment de leur exiftence ,
& qu'ils penfent. Nous les nommons heureux , & nous appellons
leur état heureux , quand l'idée
de leur état nous le repréfente
accompagné d'une perception a-
gréable ; & nous le nommons malheureux , quand nous croyons remarquer le contraire.

§. 78. Le jugement que nous formons de cette maniere , ne fera
pourtant vrai , que lorfque notre
idée répondra parfaitement à l'état
qu'elle fuppofe : à moins que cela

ne foit, l'état que nous nommons heureux ou malheureux pourra être le contraire de ce que nous le jugeons. De-là nous voyons que le jugement de certains Etres fur l'état de certains autres Etres, celui des hommes fur l'état d'autres hommes, ne pourra caractérifer l'état de ceux-ci. Que ces états feront, indépendamment du jugement des autres hommes, heureux ou malheureux, à mefure que l'agrément l'emportera dans les perceptions, felon les régles données (§. 39.). Ainfi il nous eft facile de voir que tous les Etres pourroient jouir d'un état heureux ou d'une vie heureufe, quoiqu'ils fe jugeaffent mutuellement les uns les autres dans des états malheureux & *viciffim. Pylades*, par exemple, eft pauvre, mais il méprife les richeffes. Une perception agréable accompagne fon état, parce qu'il n'eſt pas tourmenté du ſoin d'acquérir des tréſors. *Pylades* eſt dans un état heureux.

§. 79. C'eſt ainſi qu'en nous faiſant une idée de l'état dans lequel ſe trouvent certains Etres , de ceux dans leſquels nous nous ſommes trouvés & dans leſquels nous pourrons nous trouver , notre intelligence eſt portée à les comparer , & à préférer celui que nous croyons devoir le plus contribuer à notre bonheur (§. 30.). La volonté , cet acte de notre entendement , qui nous fait préférer tel état à tel autre , cette faculté de l'intelligence par laquelle elle eſt entraînée vers ce qui lui paroît le meilleur , nous fait paſſer à l'état que nous ſuppoſons tel , s'il n'y a point d'obſtacle (§.29.) , & alors on dit que nous agiſſons librement : la *liberté* étant *la faculté de*

faire ce qui plaît ; c'eſt-à-dire, de
paſſer à l'état qu'on préfere. Ainſi
agir n'eſt autre choſe que *changer* d'état, en conſéquence d'une
détermination de la volonté.; &
par la raiſon contraire *pâtir* ſera
changer d'état en conſéquence de
la volonté d'un autre : & nous agi-
rons ou pâtirons plus ou moins ;
ſelon les principes qui nous feront
changer d'état : ſelon que notre liberté ſera entiere ou reſtrainte.

§. 80. Le ſentiment de notre
état eſt d'ailleurs lié avec les idées
que nous avons des autres états
poſſibles. De-là il arrive que
quoique nous préférions notre exiſtence au néant, nous ne ſommes
pourtant guères contens de notre
état. Pour que nous le fuſſions,
il faudroit que nous le préféraſ-
ſions à tous ceux dont nous avons
idée , & par-là que nous n'en con-

nuſſions point de meilleur : il faudroit que nous ne nous en puſſions
pas repréſenter de meilleur. Le
défaut d'intelligence à cet égard
fait qu'il eſt plus ordinaire qu'un
génie au-deſſous du médiocre ſe
contente de ce qu'il eſt qu'un
génie ſuperieur, Quoi qu'il en
ſoit, puiſque dans l'état de contentement la perception agréable , qui porte au contentement, n'eſt point troublée par
une perception contraire, il en
réſulte que le plus grand dégré
de félicité pour l'homme, comme pour tout Etre intelligent ,
eſt celui du contentement.

§. 81. Puiſque la volonté de
l'homme l'entraîne vers le meilleur, il eſt manifeſte encore que
ſi une fois il ſe trouvoit dans un
état de contentement, il tâche-
roit d'y demeurer , & qu'il eſt im-

poſſible qu'il y parvienne , parce
que ſon exiſtence eſt ſucceſſive.

§. 82. L'homme approchera du
contentement à meſure qu'il approchera de l'état qu'il regardera
comme devant le plus contribuer
à ſa félicité : poſſeſſeur d'un état
qui en eſt près , il fera tout ce
qu'il pourra , pour que la ſucceſſion ne l'en écarte que le moins
poſſible , tandis que d'un autre
côté il travaillera à parvenir de
plus près à celui qu'il déſire.

§. 83. Etant entraînés à ce qui
nous paroît le meilleur , il n'eſt
pas poſſible non plus que nous
nous repréſentions quelque état
meilleur que celui dont nous jouiſ-
ſons ſans nous y porter , dès que
nous croyons pouvoir l'atteindre.
C'eſt par-là que nous ſommes mis
en mouvement, C'eſt le reſſort qui

fait agir l'homme. Le scélérat aussi bien que l'homme de probité, tous tendent au meilleur rélativement à l'idée qu'ils s'en forment. Pour tendre au plus heureux absolu, il faudroit le connoître : la connoissance entraîneroit la volonté. Si le scélerat fait consister son bonheur dans le brigandage, c'est un défaut de jugement qui l'y porte.

§. 84. La vie de l'homme est composée d'une succession suivie d'états ou de situations, qui lui sont propres (§. 20.). C'est à rendre ces situations heureuses ; c'est à les rendre aussi heureuses qu'il est possible que l'homme aspire. Si sa vie est un tissu de momens dont les heureux l'emportent sur les malheureux, sa vie est heureuse, & elle le sera plus ou moins à raison de l'excès des uns

fur les autres ; mais fi elles fe com-
penfent mutuellement, le néant
vaudra fon être. C'eft donc à mul-
tiplier les fituations heureufes,
à en augmenter l'intenfité, à diminuer les malheureufes, à en
amortir l'intenfité, que fe portera
l'étude de l'homme qui voudra
jouir du bonheur. Les Philofo-
phes qui nous ont enfeigné à
augmenter la volupté fans amortir les peines, & ceux qui
ont enfeigné à amortir les fens,
pour ne pas être fufceptible des
dernieres, fe font également trom-
pés.

§. 85. On augmente fes fituations heureufes en multipliant
celles qui font accompagnées de
fentimens agréables, en faifant
choix des plus forts : on diminue
fes fituations malheureufes en évi-
tant celles que le defagrément ac-

compagne , & cela en raifon de leur intenfité. On ne peut augmenter les unes ni diminuer les autres fans que la volonté n'y foit entraînée ; & la volonté n'y peut être entraînée fans que la connoiffance ne précede. Pour vivre heureux , pour jouir d'une vie heureufe , il faut donc connoître quels font les états heureux & quels font les états malheureux. Nous fommes néceffairement déterminés vers notre bonheur : cette connoiffance nous y portera donc néceffairement. Il n'y a donc qu'à connoître le bonheur pour en jouir. C'eft dans cette connoiffance que confifte la *Jurifprudence naturelle.*

CHAPITRE VII.

Du Bien & du Mal rélatif à l'homme.

§. 86.

TOut ce dont l'exiſtence vaut mieux que la non-exiſtence, eſt bien (§. 62.). Mal eſt tout ce dont la non-exiſtence eſt préférable à l'exiſtence. Quand l'homme préfere ſon exiſtence à la non-exiſtence, ſon exiſtence forme un bien pour lui ; & c'eſt un mal pour lui, s'il eſt dans un cas oppoſé. De même ſi les autres hommes préferent ſon exiſtence à ſa non exiſtence, il ſera un bien pour eux, & *vice verſa*. D'où il réſulte qu'un homme formera un bien pour le genre humain à proportion du nombre des hommes qui

qui préféreront son existence à
sa non-exiftence , & de l'intenfité
de cette préférence (§. 67).

§. 87. Cette préférence eft l'effet du bonheur qu'on conçoit devoir réfulter & nous venir de l'exiftence d'un homme ; nous préfé-
rons fon exiftence à fon non-être
à proportion que nous le croyons
difpofé & capable d'augmenter
notre bonheur. Le bonheur total
du genre humain eft l'excès de
celui de tous les hommes en particulier fur le malheur de tous les
hommes en particulier. Tout homme fera donc un bien proportionnellement à ce qu'il contribuera
à augmenter le bonheur total. Je
nomme cette homme un *homme*
de bien.

§. 88. On ne peut préférer l'exiftence d'un Etre intelligent fans

E

tendre à augmenter fon bonheur.
Ainfi les hommes rendront heureux l'homme de bien à proportion qu'il fera un bien pour l'univers : d'où il réfulte que l'homme
fera heureux à proportion qu'il
fera un bien.

§. 89. Dans le même fens qu'un
homme eft un bien, fes actions
forment des biens & des maux.
Elles forment des biens & on les
nomme *bonnes*, quand elles tendent à l'accroiffement du bonheur
total. Quand elles tendent au
contraire, elles forment des maux;
& on les nomme *mauvaifes*.
L'homme fera donc un homme
de bien, & fera heureux à mefure qu'il fera de bonnes actions
& *viciffim*.

§. 90. Comme le bonheur eft
de différens dégrés (§. 56.) & de

différens caractères (§. 56. 59.),
lés actions feront bonnes ou mauvaifes de la même maniére : il y
aura des actions rélativement bonnes ou mauvaifes, &c. & l'homme fera auffi, fuivant ces diftin-
ctions, heureux & un homme de
bien rélatif, &c.

§. 91. Ceux qui dépeignent l'E-
tre fuprême comme un Etre qui
pourroit diminuer le bonheur de
fes créatures en général & celui
des hommes en particulier, en
font un mal ; & ceux qui le repréfentent d'un fens contraire un
bien. Les derniers portent l'homme au meilleur des cultes divins
& les premiers au plus mauvais.

E 2

CHAPITRE VIII.

Des différens caractères des actions de l'homme, de leur imputation ; ce que c'est que loi , obligation , devoir , droit, &c.

§. 92.

L'Homme eſt déterminé par l'agrément ou le deſagrément , dont il croît que tel ou tel état eſt accompagné (§ 29. 30.); c'eſt-à-dire, la repréſentation du bien ou du mal qu'il conçoit devoir réſulter d'une action ou d'une omiſſion , eſt le motif qui le fait agir. L'entendement nous fait juger quel de certains états ſera le plus heureux pour nous.

Le jugement nous fait préférer.
L'Acte de préférer se nomme *volonté.*

Cet Acte nous rend des Etres
agiſſans. *Agir* déſigne ſimplement
changer un état, paſſer d'un état
à un autre, cauſer un changement:
agir & faire une choſe expriment
la même idée. Souvent on employe le premier mot pour déſi-
gner l'état d'un Etre qui employe
ſes forces afin de parvenir à un
certain état; mais alors on ne ré-
fléchit pas que la moindre ten-
dance, le moindre *niſus*, le moindre *conamen* eſt une action.

§. 93. Quand on veut, c'eſt-à-
dire, quand on préfere un état à
pluſieurs, on le fait en choiſiſſant
entre deux ou pluſieurs. Or en
choiſiſſant on ſe ſuppoſe le pouvoir phyſique de paſſer à celui
des états qu'on choiſira. Cepen-

dant il eſt non-ſeulement poſſible, mais il eſt aſſez fréquent qu'on ſe trompe à cet égard. Souvent on choiſit entre des états parmi leſquels il y en a auxquels on auroit trouvé ne pas avoir le pouvoir phyſique de paſſer ſi on les avoit choiſis. Ainſi on peut diſtinguer ces états, en nommant *éligibles* ceux auxquels on a le pouvoir phyſique de paſſer; & *non-éligibles* ceux pour leſquels ce pouvoir manque.

§. 94. On nomme *Liberté, la faculté d'exécuter ſa volonté, quelle qu'en eût pû être la détermination* *. On voit par-là qu'on ne jouit d'une pleine liberté, que lorſqu'on choiſit entre des états, tous éligibles; & que la liberté ſera limitée à meſure qu'il y aura des

* Cette définition n'eſt pas différente de celle qu'on a lue au §. 79.

états non-éligibles parmi ceux entre lefquels on choifit.

§. 95. *La Spontanéité* eft *la fimple faculté d'exécuter fa volonté.*

§. 96. Agir librement fera donc
paffer à un état que l'on aura choi-
fi entre des états éligibles ; &
l'on agira plus ou moins librement à mefure que le choix aura
eû pour objets des états éligibles
& non-éligibles. Une action fera
donc libre dès qu'elle fera l'effet
d'une pleine liberté; & elle le
fera plus ou moins à proportion
que la liberté aura été limitée.

§. 97. Il paroît donc (§. 94-96.)
que la liberté ne peut avoir lieu
fans la fpontanéité; & que la fpontanéité peut fort bien fubfifter
fans liberté.

§. 98. Quand une action eft libre, on nomme celui qui l'a faite

cauſe libre de ſon action : le regarder comme cauſe libre de ſon action , c'eſt lui *imputer* l'action : elle lui ſera imputée à meſure qu'il aura été libre.

De-là les différens dégrés d'imputation , les hommes plus ou moins coupables , les fautes , les dols , &c.

§. 99. Quand la raiſon pourquoi l'on a fait une action , ſe trouve uniquement dans une cauſe externe qui nous l'a fait faire , cette action ſe nomme *forcée.* On la nomme *contrainte* , lorſque cette raiſon ſe trouve partie dans notre volonté , partie dans une cauſe externe. On la nomme *volontaire* , quand la volonté de celui qui l'a faite en contient ſeule la raiſon ; & on la nomme *involontaire* , quand cette raiſon ſe trouve dans des circonſtances ſur leſquelles la volonté n'a pas été portée.

Voici des exemples de ces différentes actions. On me pousse, je donne contre un enfant qui tombant se demet le bras : je fais une *action forcée*. Un voleur m'attaque , il me demande la bourse avec menace de me tuer en cas de refus. Je la lui donne & fais une *action contrainte*. Je délibere si je veux sortir ou rester chez moi ; je me détermine à rester : voila une *action volontaire*. Je tire sur un liévre & blesse un ami , que je n'avois pas appperçû : voila une *action involontaire*.

C'est ainsi qu'on distingue les actions de l'homme rélativement aux motifs , ou aux causes qui les font agir. Rélativement à leurs effets, on les nomme *bonnes* ou *mauvaises* (§. 90.).

§. 100. Elles sont encore *indifférentes* ou *non-indifférentes*. Les

indifférentes font celles pour lefquelles il n'y a pas plus de raifon
de les faire que de les omettre :
les *non-indifférentes* font celles
qu'il lui convient de faire ou de
ne pas faire.

Il n'eft pas queftion ici de re-
chercher s'il y a véritablement ,
ou s'il peut y avoir des actions
indifférentes. Il fuffit d'avoir indi-
qué ce qu'il faut entendre par actions indifférentes & non-indifférentes.

§. 101. Dans toute la Jurifprudence naturelle , il n'y a peut-
être point de mots dont le fens
foit fi ambigu que celui d'*Obligation.* On le confond fouvent avec
celui de *Devoir.* On dit également, c'eft une *obligation* , c'eft un
devoir, quand on parle d'une action
qu'on eft *obligé* de faire. *Etre obligé
de faire* & *devoir faire* font auffi

des expreſſions ſynonimes. Cependant on ne dit pas *ſe trouver dans
un devoir*, comme on dit *ſe trouver dans une obligation*; & on ne
dit pas *c'eſt une obligation qui m'o-
blige*, comme on dit *ce devoir m'o-
blige*; ni *je ſuis obligé à cette obligation*, comme on dit *je ſuis obligé à ce devoir*; marque certaine
que le ſens de ces deux mots n'a
pas été bien déterminé. Il eſt néan-
moins ſi important de le fixer au
juſte, que ſans cela, il n'y a pas
moyen de traiter la Juriſprudence
naturelle avec évidence. Déter-
minons donc la ſignification de
ces mots.

§. 102. Quand on dit, qu'un
homme *eſt obligé* de faire telle ou
telle action, cela ſignifie en général, *qu'il lui convient de la faire*:
& quand on dit qu'un homme eſt
obligé d'omettre une action, cela

défigne en général, qu'il ne lui convient pas de la faire ; de forte qu'*obligation* fignifie *la convenance ou difconvenance de l'état d'un E-tre intelligent avec une certaine ac-tion*, & *être obligé* fignifie *fe trou-ver dans un état dans lequel il con-vient de la faire*. Le mot *obliger* fignifie donc *contenir la raifon de cette convenance* : ce qui contient la raifon de cette convenance, contient la raifon pourquoi l'Etre eft obligé : & ce qui contient cet-te raifon fe nomme *loi*. La Loi na-turelle nous oblige à la charité. Cela veut dire que la Loi na-turelle contient la raifon de la convenance d'un état que nous nommons charitable avec l'acte que nous nommons charité ; une raifon pourquoi il convient d'être charitable.

Quand la raifon de cette convénance réfulte de la volonté d'un autre, on nomme l'obligation *externe*, & on la nomme *interne*, quand elle naît de la bonté ou pravité d'une action. Comme une action bonne eft celle qui contribue au bonheur du genre-humain, & celle qui produit un effet contraire, mauvaife(§. 102.), l'on entend par *bonté* d'une action fon influence fur ce bonheur, & par *pravité* fon influence fur le malheur.

§. 103. On a diftingué encore les *obligations* en *parfaites* & *imparfaites*. Voici quel eft le fondement de cette diftinction. Toute obligation eft la convenance ou difconvenance de l'état d'un Etre intelligent avec une certaine action (§. 102). Or cette convenance & difconvenance peuvent être telles que celui, à l'état du-

quel elles fe rapportent eft feul à
même de les appercevoir ; & alors
on la nomme *l'obligation imparfaite*. Par exemple un indigent
fe préfente à la porte d'un homme réputé riche : en général il y
a une convenance entre l'état d'un
riche & un acte de charité ; mais
c'eft cet homme feul qui dans le
cas déterminé a la faculté de juger s'il eft riche , & fi l'acte
de charité en eft un , qu'il lui convient de faire envers cet indigent.
Mais les obligations peuvent être
telles , que non-feulement celui ,
à l'état de qui la convenance ou
difconvenance fe rapporte , peut
en juger , mais que d'autres peuvent les y appercevoir auffi : &
alors on nomme les obligations
parfaites. De forte que la démonf-
tration qu'un autre peut donner
de cette convenance ou difconvenance change une obligation

imparfaite en parfaite ; mais comme cette démonſtration ne les rend ni plus ni moins fortes, il paroît que les imparfaites doivent déterminer les hommes tout comme les parfaites.

§. 104. Quand il y a une raiſon pour laquelle il convient à l'homme de faire une certaine action, cette action devient alors un *Devoir*. Il paroît par-là qu'il n'y a point de devoir ſans obligation, ni ſans loi : & il paroît par-là encore que comme il y a des obligations parfaites, &c. il y a auſſi des *devoirs parfaits*.

On a nommé *devoir moral* l'action, dont la raiſon pourquoi il convenoit à l'homme de la faire, ſe trouvoit ou dans la volonté divine, ou dans le conſentement des nations policées, ou dans la ſociabilité, ou dans l'ordre, &c.

felon les différens principes dont les Savans se sont servis pour prouver quelles actions il convient à l'homme de faire. Nous avons vû que naturellement l'homme ne peut être déterminé à agir par lui-même, que dans la vûe d'augmenter son bonheur ou de diminuer son malheur, & il est assez évident que tout ce qu'il convient à l'homme de faire c'est d'augmenter son bonheur, de préferer les états qui doivent les lui procurer; & par conséquent de faire les actions qui mènent à ces états. Ainsi *devoirs moraux* sont toutes les actions qu'il convient à l'homme de faire par la seule raison que son bonheur y est intéressé. Nous nommons *devoirs civils* ceux qu'il convient de faire, parce que le Souverain l'ordonne. L'on sent assez à présent ce qu'il faut entendre par *devoirs paternels, matrimoniaux*, &c.

§. 105.

§. 195. Tout ce qui oblige se nomme *Loi*, & tout ce qui oblige un Etre intelligent entant qu'être intelligent se nomme *Loi morale* : ainsi rélativement à l'homme on nomme *Loi morale* ou *Loi naturelle* celle qui l'oblige entant qu'Etre intelligent. On dit que l'homme est moralement obligé à faire telle ou telle action, quand c'est une *Loi morale* qui l'y oblige. Or comme ce sont les rapports que nos actions ont avec notre bonheur, qui contiennent la raison pourquoi il nous convient de faire telles ou telles actions, il est évident que ces rapports forment ce qu'on appelle *Loix naturelles*, *Loix morales*, &c.

On nomme dans un sens général *Loi naturelle*, *Droit naturel*, tous ces rapports pris ensemble, toutes les *Loix naturelles*. On les nomme

F

auſſi Droit de la nature , Morale , &c. & ſuivant que l'on a conſidéré ces rapports avec plus ou moins d'étendue on les a diviſés en *Morale , Théologie naturelle , Droit de la nature & des gens,* &c.

Prenons un exemple pour faire ſentir l'évidence des définitions que je viens de donner. C'eſt un devoir morale de tenir parole. Pourquoi? Parce qu'en tenant parole , on augmente ſon bonheur. Le rapport de cette action avec le bonheur de celui qui la fait eſt tel , qu'il contient la raiſon pourquoi il lui convient de tenir parole. Ce rapport oblige donc l'Etre intelligent , qui ſe trouve dans le cas. Il forme donc une Loi pour cet Etre.

§. 106. Il eſt clair par ce que nous avons dit aux (§. 104. 105.)

que la connoiffance des Loix naturelles méne à celle de nos devoirs:
elle nous donne celle du *Droit naturel* (§. 105.). C'eft cette connoiffance que l'on nomme *Jurifprudence naturelle*. La Jurifprudence naturelle eft donc la fcience
des rapports que les actions ont
avec le bonheur des Etres *.

§. 107. comme l'homme ne
peut être déterminé que par l'appétit au bien & par l'averfion pour
le mal (§ 92.) , & que les actions
non-indifférentes ont par leur nature un rapport fixe & déterminé
au bonheur de l'homme (§. 100) ;
il s'enfuit que nos actions ont
avec notre bonheur des rapports
immuables, c'eft-à-dire que telles
circonftances pofées , ces rapports obligent l'homme à faire

---

* Cette définition n'eft pas différente de
elle qui fe trouve au §. 85.

ou à omettre telle ou telle action?
Par conféquent les loix naturelles
font des loix immuables.

§. 108. On appelle encore ces
loix univerfelles, parce qu'un même motif faifant agir tous les hommes (§. 73. 83.) il eft évident que
les mêmes circonftances pofées,
ce qui oblige l'un, oblige l'autre.
Par exemple : *Sempronius* a donné
parole ; fon devoir eft de la tenir.
Pofez les mêmes circonftances
pour *Titius* ; le même rapport qui
oblige *Sempronius*, obligera *Titius*.
Les loix naturelles font donc univerfelles ; c'eft-à-dire qu'elles s'é-
tendent fur tous les hommes de
tout pays, de tout âge, & dans tous
les tems. A caufe de cela on nomme auffi *Jurifprudence univerfelle*
la fcience de nos devoirs, &
Droit univerfel l'affemblage des
loix naturelles.

§. 109. Comme Dieu a tiré du néant tout ce qui exifte, il peut & doit être regardé comme le légiflateur de ces loix. Sa fageffe a déterminé fa volonté à l'exiftence des créatures intelligentes, dont les actions feroient déterminées par l'agrément & le defagrément, qui en font les conféquences.

§. 110. Quand une loi nous oblige de faire une action, on la nomme *préceptive*, & *prohibitive* quand elle nous oblige d'omettre une action.

Puifqu'il eft contradictoire qu'une loi oblige un Etre à empêcher une chofe dans le tems qu'elle oblige un autre à la faire, il s'enfuit que les loix naturelles défendent de faire toutes les actions, qui empêchent un autre

de faire ce à quoi elles obligent:
de forte que toutes les actions qui
empêchent un autre de remplir
fon devoir font des actions prohibées. Les actions que la loi ordonne, fe nomment rélativement
à la loi, des *préceptes*. Ainsi une
action à laquelle la loi naturelle
oblige, eft rélativement à l'homme qui eft obligé un *devoir*, rélativement à la loi, un *précepte*.

§. 111. Comme rélativement à
foi-même on eft dit avoir la liberté
de faire ou d'omettre une action,
ainfi rélativement à d'autres cette
faculté de faire & d'omettre une
action fe nomme *Droit* : de forte
que le droit exige qu'on ne nous
empêche pas dans ce que nous
voulons faire, ou qu'on ne nous
force pas à celles que nous voulons omettre : c'eft-à-dire, que
pofé de la part des autres une obli-

gation d'acquiefcer dans ce que
nous voulons faire ou omettre ,
nous fommes dits avoir le *droit*,

§. 112. Ce droit s'appelle *im-*
parfait quand il eft oppofé à un
devoir imparfait ; ç'eft-à-dire ,
quand on ne peut juger fi les autres font obligés ou à nous per-
mettre de faire, ou à nous con-
traindre d'omettre telle ou telle
action , alors on eft dit n'avoir
qu'un *droit imparfait* de faire telle
ou telle action. Mais quand on
peut en juger, ce droit fe nomme *parfait*,

§. 113. On nomme *action in-*
jufte celle qui fe fait contre le
droit parfait d'un autre , & *non-*
équitable celle qui fe fait contre le
droit imparfait d'un autre. On
nomme *jufte* celle qui fe fait conformément au droit parfait d'un
autre , & *équitable* celle qu'on fait
F 4

conformément au droit imparfait
d'un autre. A ces définitions l'on
voit ce qu'il faut entendre par
homme juste, injuste, équitable, &c.
La *justice* est donc *le devoir de don-*
ner à chacun ce qui lui est dû de droit
parfait ; & l'*équité* est celui de *don-*
ner à un chacun ce qui lui est dû de
droit imparfait. Or comme un
Etre porté à remplir ses devoirs
imparfaits doit être censé vouloir
encore davantage satisfaire à ses
devoirs parfaits, il s'ensuit que
l'homme équitable prévaut sur
l'homme juste.

§. 114. Comme le même effet
peut être produit par une action
volontaire & involontaire, on
nomme rélativement au motif,
qui a déterminé l'homme à agir
action *vertueuse* & *vicieuse.* Quand
une action est bonne, & qu'elle a
été faite par un bon motif, on la

nommé *vertueuse*; & *vitieuse* quand
elle eſt mauvaiſe , & qu'elle a été
faite par un mauvais motif. Ainſi
on nomme *vertueux* l'homme qui
fait de bonnes actions de pleine
volonté ; & *vicieux* celui qui fait
des mauvaiſes actions de pleine
volonté. On nomme *vertu* cette
volonté à faire du bien ; & *vice* la
volonté contraire. On nomme
auſſi l'habitude de faire du bien
vertu & celle de faire du mal *vice*.
Les actions vertueuſes & vicieu-
ſes ſont encore appellées *vertus*
& *vices*.

§. 115. C'eſt par l'agrément
dont on conçoit que tel ou tel
état ſera accompagné que l'homme tend à ſa félicité ; mais il ne
peut connoître tous les états qui
y aboutiſſent , ni tous ceux qui y
aboutiſſent le plus ; ainſi manquant
à cet égard de lumiéres , il man-

quera auffi fouvent de faire de bonnes actions & d'en omettre de mauvaifes. Souvent encore il fe trompe, il prend pour des états heureux ou malheureux ceux qui ne le font pas, & par-là il fait fouvent des actions prohibées & omet des préceptes. Dans le premier cas, c'eft-à-dire, quand faifant une mauvaife action, on n'a eu aucune idée de fa pravité, ou qu'omettant une bonne action, on n'a eu aucune idée de fa bonté, alors on eft dit avoir *agi par igno-rance.* Dans le fecond cas, c'eft-à-dire, quand on a eu une fauffe idée de fa bonté ou de fa pravité, on eft dit *errer ; agir par erreur.*

§. 116. La volonté de l'homme eft déterminée par la repréfenta-tion du bien & du mal (§. 92.); il eft donc impoffible qu'elle foit déterminée à faire une action qui se présente comme mauvaise, & en omettre une qui se présente comme bonne ; & par la raison du contraire, elle est nécessairement déterminée à faire ce qui s'offre comme un bien, & à omettre ce qui se présente comme un mal. On appelle *morales* cette impossibilité, cette nécessité, parce qu'elles ne dérivent pas de l'essence des choses, mais de la nature de l'intelligence ; & que l'on nomme *moral* tout ce qui se déduit de cette nature.

§. 117. L'on entend donc par *impossibilité morale* tout ce qui répugne au choix d'un Etre raisonnable ; & par *possibilité morale* tout ce qui n'y répugne pas. On appelle *nécessité morale* tout ce dont l'opposé est moralement impossible : par *Raison* l'on entend ici la faculté de discerner le vrai du faux; & conféquemment par *Etre raifonnable* celui qui joüit de cette faculté ; de forte que l'homme fera un Etre raifonnable à mefure qu'il fera doué de cette faculté.

§. 118. Autre conféquence qui réfulte de ces vérités c'eft que l'homme libre n'étant determiné à agir que par la repréfentation du bien ou du mal, il faut, lorfqu'il commet une mauvaife action, qu'elle fe foit préfentée à fon entendement comme un bien ; & lorfqu'il en omet une bonne, qu'elle fe foit préfentée comme un mal ; d'où il s'enfuit que ce n'eft que par erreur ou par ignorance que les hommes peuvent commettre de mauvaifes actions, & en omettre de bonnes.

§. 119. Mais pour ne pas donner ici dans des travers dangereux, il faut bien faire attention, que

l'erreur & l'ignorance peuvent
avoir lieu à deux égards très-dif-
férens l'un de l'autre, & qu'il
importe de ne pas confondre.

Les rapports des actions avec
le bonheur ou le malheur du genre
humain font immuables (§. 107.
108.) : la moralité des actions eft
donc auffi immuable (§. 17.). Elle
ne dépend donc pas du jugement
de celui-ci ou de celui-là : conféquemment toute action a une
bonté ou pravité qui lui eft ef-
fentielle.

De plus, toute action produit
un effet : cet effet caractérife
fa moralité ; car l'effet d'une action eft le changement qu'elle
produit dans l'univers ; & elle fera bonne, fi ce changement tour-
ne au bien de l'univers, & mauvaife dans un cas contraire (§.89.).

Or l'on peut se tromper ou *sur la moralité*, on sur *l'effet d'une action.*

On se trompe sur la moralité d'une action, quand persuadé qu'elle produira l'effet qu'elle produit, on la fait, soit qu'on en ignore la moralité, ou qu'on se soit formé une fausse idée de sa moralité. Voici un exemple de cette ignorance ou erreur. *Titius* vole à *Mævius* une montre : l'effet de cette action est l'enlevement du bien d'autrui. *Titius* a voulu cet effet; mais il s'est persuadé que par ce vol il alloit augmenter son bonheur : cette action s'est offerte à son entendement, comme un bien. Il s'est trompé à cet égard; il a été dans l'erreur ou dans l'ignorance sur la moralité de son action.

On se trompe sur l'effet d'une

action, quand dans la perfuafion
qu'elle produira un effet différent
de celui qu'elle produit; on la fait
avec connoiffance que tel ou tel
effet en fait un bien ou un mal.
Voici un exemple de cette erreur ou ignorance. *Cajus* emporte
une montre qu'il croit lui appar-
tenir & qui eft à *Sempronius*; Cajus fait qu'enlever le bien d'autrui eft mal faire; il ne s'eft pas
trompé fur la moralité de fon
action : mais il s'eft trompé fur
l'effet de fon action : il n'a pas
fù qu'elle produiroit l'enlevement du bien d'autrui. Nommons
ignorance & erreur de moralité celles du premier cas, & celles du
fecond *ignorance & erreur de fait.*

§. 120. Voici ce qui réfulte du
paragraphe précédent. Dans le
premier des cas dont on y a par-
lé, la volonté de l'agent eft por-

(96)

tée à l'effet, & conféquemment à
la moralité de l'action ; ainfi la
moralité doit lui en être imputée : l'ignorance ni l'erreur ne peuvent l'en difpenfer. D'où l'on voit
que fuppofé qu'un fcélerat n'a-
giffe que par erreur ou par ignorance, il n'en eft pas pour cela ni
moins coupable , ni moins punif-
fable ; car pour qu'une intelligence fe porte au bien , il faut que fa
volonté y foit déterminée : fa volonté ne peut y être déterminée
que par la repréfentation du bien
& du mal. Si donc une intelligence ne faifit pas la connexion qu'a
l'effet de fon action avec fon vrai
bonheur, il faut rendre cette connexion plus fenfible à fon entendement ; c'eft-à-dire , ajouter aux
mauvaifes actions des peines , &
aux bonnes des plaifirs.

C'eft là le fondement des pu-
nitions

nitions & des récompénfes ; &
c'eft là l'unique principe dont on
peut les déduire. Ceux qui y at-
tachent une idée de vengeance &
d'autres femblables , n'ont guères fait de chemin dans la connoiffance des Etres intelligens.
C'eft ce fondement qui nous au-
torife à punir de mort des crimi-
nels : ils ont prouvé par leurs for-
faits que leur intelligence étoit
trop dépravée pour en pouvoir
efperer la guérifon : c'eft en vertu
de ce fondement encore qu'on
ne punit pas des enragés , des
foux , &c.

Il n'en eft pas ainfi dans le fecond cas. Lorfqu'on a fait une
action , & qu'on a ignoré qu'elle
produiroit l'effet qu'elle produit,
ou que l'on a cru qu'elle en produiroit un autre , la volonté de
l'agent n'a pas été portée à fa mora-

G

lité. Conféquemment elle ne peut lui être imputée ; de forte que pour les mêmes raifons qu'il faut punir ou récompenfer ceux qui font des caufes libres de la moralité de leur action, il feroit ridicule de févir contre ceux qui ne le font pas.

§. 121. *L'erreur & l'ignorance de la moralité de fait* n'abfolvent pas l'agent (§. 120.); celles *de fait* abfolvent ; mais non pas toujours & dans tous les cas également, comme on le va voir.

Quand on ignore ou qu'on erre, c'eft par un défaut de connoiffance que nous aurions pu, en faifant ufage de nos facultés naturelles, éviter ou ne pas éviter. Quand on l'auroit pu éviter, on le nomme *vincible*, & *invincible*, quand on ne l'a pu éviter. Il paroît par là ce qu'il faut entendre par *ignorance vincible* & *invincible* ; par *erreur vincible* & *invincible*.

Quand l'ignorance & l'erreur font vincibles * , il paroît que quoique nous n'ayons pas voulu la moralité de l'action, on a pourtant voulu s'y expofer, & qu'étant caufe libre de l'erreur & de l'ignorance, on a bien voulu aufli être regardé comme caufe libre des fuites de cette erreur & de cette ignorance ; c'eft-à-dire, fe les voir imputées. C'eft là le fondement fur quoi l'on impute la pravité des actions faites par une ignorance ou une erreur vincible : elle l'eft à mefure que l'erreur ou l'ignorance a été vincible.

Pour celles qui font l'effet d'une

---

* Tout ce que l'on va dire doit uniquement être entendu de *l'ignorance* & de *l'erreur de fait.*

G 2

erreur invincible il eſt clair qu'on
ne peut les imputer (§. 89. 119.
120.). Qu'on ne peut non plus imputer les actions forcées; & qu'on
pourra imputer les involontai-
res, ſelon la régle donnée dans
ce paragraphe-ci.

§. 122. L'homme ne pouvant
être déterminé à faire une bonne
action ou à en omettre une mauvaiſe que par la repréſentation du
bien & du mal, & comme relativement à la loi, on nomme *ré-
compenſe* le bien qui revient à
l'homme en conféquence d'une
action faite ou omiſe, & *punition*
le mal qui revient à celui qui a
commis une mauvaiſe action, ou
qui en a omis une bonne; il s'en-
ſuit qu'il ne peut y avoir de loi qui
ne préſente à l'Agent une récom-
penſe ou une punition; & par la
raiſon du contraire, que tout ce

qui préfente une récompenfe ou une punition , forme une loi.

§. 123. On voit par-là combien peu jufte raifonnent ceux qui prétendent que la néceffité morale détruit la moralité des actions , & rend les récompenfes & les peines inutiles.

On nomme *pécher* agir contre la loi : ainfi par *péché* on entend toute action ou omiffion contraire à une loi.

G 3

CHAPITRE IX.

Principe fondamental de la Jurisprudence naturelle.

§. 124.

NOus nommons *devoirs abſolus* ceux qui ménent au bonheur abſolu ; & *devoirs relatifs* ceux qui ménent au bonheur relatif. Nous nommons *plaiſirs permanens* ceux qui naiſſent des devoirs abſolus, & *plaiſirs paſſagers* ceux que les devoirs relatifs font naître. On nomme vulgairement ces derniers *les plaiſirs des ſens.*

§. 125. Quant aux devoirs abſolus, la raiſon pourquoi nous y ſommes obligés, c'eſt qu'ils font

naître dans les autres ou qu'ils
augmentent en eux la difpofition
de contribuer à notre bonheur,
L'agrément de notre état fera
d'autant plus fort que cette difpofition nous paroîtra grande &
générale : & par conféquent l'état
le plus heureux, dans ce fens, eft
celui dans lequel nous concevons
que tous les autres tendent à notre bonheur autant qu'il eft en
eux. Il le fera donc proportionnellement au nombre des Etres que
nous concevons difpofés à l'augmenter & à l'intenfité de cette
difpofition, Ainfi le premier principe de nos devoirs abfolus, c'eft
d'agir conftamment de maniére à
augmenter la bonne difpofition des
autres envers nous,

§. 126. Quant aux devoirs relatifs, comme nous manquons notre bonheur, dès que nous don-

nons dans des plaifirs qui ne peuvent qu'être fuivis de peines plus
grandes , il en refulte que le premier principe de nos devoirs rélatifs c'eft *de nous conferver cette difpofition qui laiffe à toutes nos parties leur pouvoir naturel d'agir :*
cette difpofition eft la fanté. De
ce principe réfultent les devoirs
de la tempérance , de la fobriété ,
de la chafteté,&c. Ils auroient lieu
quand même il n'y auroit fur la
terre que deux perfonnes de fexe
différent.

§. 127. Mais comme nous n'e-
xiftons pas feuls, & que notre ef-
péce eft tellement conftituée que
nous ne pouvons goûter aucun
plaifir , fans la perfuafion que les
autres nous en laifferont jouir pai-
fiblement & qu'ils ne font pas
portés à troubler cette jouiffance,
& que d'un autre côté ces plaifirs

peuvent être multipliés & aug-
mentés par le concours des autres
hommes, il paroît que les devoirs
relatifs font fubordonnés aux devoirs abfolus : de forte que le principe d'agir conftamment de maniére à augmenter la bonne difpofition des autres envers nous, eft
un principe univerfel pour tous
nos devoirs. Pofez ce principe
comme un devoir dans tous les
hommes, & vous aurez l'idée de
Société humaine : puifque le mot
Société défigne uniquement *l'état*
de plufieurs, dans lequel toutes les
forces doivent tendre au même but.
Car fi l'on fuppofe tous les hommes dans un état, dans lequel ils
doivent agir conftamment de maniére à augmenter la bonne difpofition des autres envers eux, on
les fuppofe dans un état, dans lequel ils doivent tendre au même
but ; & par conféquent on fuppo-

se l'état de plusieurs, dans lequel toutes les forces doivent tendre au même but.

§. 128. L'Homme étant déterminé par ce qui doit augmenter son bonheur (§. 92.) par l'appétit au bien & l'aversion pour le mal, comme s'exprime M. WOLFF; il tend nécessairement à la ruine de ceux qui lui paroissent nuisibles, & au bonheur de ceux qui lui paroissent dans une position contraire; & cela proportionnellement à une disposition plus ou moins bonne, plus ou moins mauvaise qu'il croira remarquer en eux. Il suit de-là que l'homme ne peut augmenter la bonne disposition des autres envers lui qu'en leur montrant une telle semblable disposition ; & que l'intensité de ces dispositions sera réciproque plus ou moins. Ainsi le devoir qui réfulte du principe que nous avons établi ci-deffus, eft de *contribuer de toutes fes forces au bonheur de tous les hommes félon l'état dans lequel on fe trouve.*

§. 129. Le bonheur général de tout le Genre-humain doit donc être le but général de toutes nos actions. Elles feront bonnes ou mauvaifes à mefure qu'elles tendront à l'accroiffement ou au décroiffement de ce bonheur général ; & de-là il s'enfuit encore, que toutes circonftances d'ailleurs égales, c'eft un fecond devoir de l'homme de préferer les actions qui contribuent à la fois au bonheur de plufieurs, à celles qui ne contribuent qu'à celui d'un moindre nombre ; ainfi que celles qui leur procurent un dégré de bonheur plus grand. Par un raifonnement à peu-près femblable on démontre qu'il faut préférer celles qui leur donnent un bonheur abſolu à celles qui font naître un bonheur relatif. Ainſi dans le tems qu'il ſe préſente deux bonnes actions à faire (ce que l'on nomme *Colliſio officiorum*, un conflict de devoirs) il faut ſe déterminer par cette conſidération.

§. 130. Le bonheur général doit être le but de nos actions (§. 128). Elles y doivent tendre toutes (§. 84. 107). Notre devoir eſt de les y dériger (§. 104). La loi naturelle le preſcrit (§. 105. 110.), & c'eſt une loi univerſelle qui oblige tous les hommes (§. 107).

§. 131. De cette loi générale ſe déduiſent tous les devoirs que les hommes ſe doivent mutuellement dans quelque poſition qu'ils

puiffent fe trouver. On en déduit l'amour du prochain, la charité, la juftice, la bienveillance,
l'humanité, la candeur, la bonne-
foi, la circonfpection, l'affabilité, la condefcendance, l'honnê-
teté, l'équité, la politeffe, enfin tous les devoirs auxquels on
eft obligé par la feule rélation
d'homme à homme.

CHAPITRE X.

Des Devoirs qui réfultent de la rélation paternelle.

§. 132.

LEs différentes pofitions de l'homme font naître différentes rélations : ces rélations donnent lieu à des loix qui font particuliéres à fes différens états. Il eft enfant, pere, frere, fouverain, fujet, &c. Tout cela mene à des devoirs particuliers dont nous allons déterminer quelques-uns.

§. 133. Nous naiffons : l'état d'enfance eft notre premier état ; & la rélation paternelle la premiére des rélations. Voyons les devoirs auxquelles elle donne lieu.

Nous naiſſons imbécilles : notre
exiſtence doit faire un bien pour
la ſociété , afin que nous ſoyons
heureux (§. 86. 89). Nous ne
ferons un bien pour la ſociété
qu'autant que nous parviendrons
à une diſpoſition plus ou moins
favorable au *bien public*, par lequel
nous entendons le bonheur de
l'eſpéce humaine en général. C'eſt
donc à acquérir cette diſpoſition
que conſiſte notre premier devoir
(§. 104.), mais n'ayant ni connoiſſance ni pratique & ne pouvant
rien ſans cette connoiſſance , ce
devoir produit celui de la docili-
té, qui conſiſte à écouter les con-
ſeils, les avis, les inſtruĉtions, &
à prendre en bonne part tous les
moyens dont on ſe ſert pour nous
donner la connoiſſance néceſſaire ;
de plus comme nous devons tendre au bien général autant qu'il eſt
en nous (§. 128.) & que faute de

connoiſſance, de pratique, & de facultés néceſſaires nous ne le pouvons de nous-mêmes, & que nous le pouvons en ſuivant la direction de celui qui eſt à même d'en juger & d'y diſpoſer nos facultés à meſure qu'elles ſe développent ; ce devoir produit encore celui de l'obéiſſance à ceux qui peuvent diriger nos actions au plus grand avantage de la ſociété. Tels ſont les devoirs généraux des enfans.

§. 134. Nous devons tous tendre à augmenter la bonne diſpoſition des autres envers nous, & toutes nos actions doivent tendre au bonheur général (§. 125. 128.) ainſi nous ſommes obligés de contribuer, autant qu'eſt en nous, pour que des enfans deviennent des biens pour la ſociété. C'eſt un devoir général de tous les hom-

hommes envers les enfans ; & par conféquent auffi du pere & de la mere : or comme les circonſtances rendent le pere & la mere les plus propres à cela , il en réſulte que le pere & la mere ſont obligés , plus que tout autre , à réunir leurs foins , afin que leurs enfans deviennent des biens pour la fociété. On nomme ce devoir l'éducation. Le pere & la mere ſont donc obligés d'élever leurs enfans.

§. 135. Nous avons vû que les enfans ſont obligés de prêter obéiſſance à ceux qui peuvent diriger leurs actions à l'utilité publique , que l'éducation en eſt le moyen , & que le pere & la mere y ſont les plus propres , & par-là obligés à élever leurs enfans : or comme l'obéiſſance eſt cet acte de la volonté , par lequel on ſe

H

foumet à la volonté d'un autre,
l'obligation d'obéir comprend celle d'acquiefcer à ce qu'un autre
veut faire ou omettre : d'où il
réfulte que les enfans font obligés d'acquiefcer à tout ce que
leur pere & leur mere trouvent
le plus propre pour leur éducation : & par-là il eft évident que
les peres & les meres ont le *droit
d'élever* leurs enfans (§. 111.);
vérité fi fimple qu'on n'a fû com-
ment la démontrer.

§. 136. Le droit d'élever fes enfans eft un droit parfait , parce
que l'obligation d'obéir eft une
obligation parfaite (§. 103. 104.).

§. 137. Les mêmes raifons qui
donnent au pere & à la mere le
droit d'élever leurs enfans , leur
donnent celui de gouverner une
famille. *Gouverner* fignifie *diriger*

la volonté des autres selon la sienne ;
& par *famille* l'on entend *cet as-*
semblage de personnes qui descendues
d'une même tige vivent en société.
La Société est *l'état de plusieurs*
dans lequel toutes les forces doivent
tendre au même but. Souvent on
comprend sous le mot de famille
tous ceux qui se font joints à la
société , composée de pere , &
mere , enfans , &c.

Nous avons vû qu'un pere &
une mere ont le droit d'élever
leurs enfans ; & à cet égard il
n'est donc pas douteux qu'ils
n'ayent le droit de les gouverner.
Reste à prouver que le pere & la
mere ont le même droit sur toutes les parties de leur famille , de
quelque âge qu'ils puissent être :
parce que l'âge de l'éducation é-
tant passé on pourroit s'imaginer
que ce droit a passé avec lui.

Pour qu'une famille soit heureuse
il faut qu'elle fasse un bien pour
la société ; elle le sera d'autant
plus qu'elle formera un bien plus
ou moins grand (§. 89.). Or elle
ne formera un bien pour la société , qu'autant que toutes les parties y tendront , qu'autant qu'elles se trouveront toutes dans un
accord harmonique , dont le but
général soit le bien public. Mais
il est contradictoire que cet accord puisse avoir lieu , si toutes
les parties ont la liberté de sui-
vre uniquement les détermina-
tions de leur propre volonté : &
d'un autre côté cet accord ne
peut s'obtenir que par l'effet d'u-
ne volonté qui fasse aller les autres à l'unisson ; il paroît donc
qu'il faut dans une famille une
volonté selon laquelle les autres
soient déterminés. Or comme le
pere & la mere , comme plus au

fait des inclinations , des pen-
chans & des facultés de ceux
qui compofent la famille , comme
auffi de fes différens befoins &
rélations , &c. font plus propres
que les autres membres à diriger
toutes les volontés à un feul but ,
il en réfulte que le pere & la mere font d'un côté obligés de fe
charger du gouvernement de leur
famille , par la raifon qu'ils font
obligés de tendre de toutes leurs
forces au bien général , & que
ce gouvernement leur en fournit
le moyen le plus efficace ; & que
d'un autre côté les membres font
pour la même raifon obligés de s'y
prêter par l'obéiffance , laquelle
dérivant d'une obligation parfaite
donne au pere & à la mere un droit
parfait de gouverner leur famille.
Cette vérité eft encore fi fimple
qu'il eft étonnant qu'on l'ait mife
en queftion.

§. 138. Le pere & la mere font donc obligés & ont le droit de gouverner leur famille. Le but de ce gouvernement eſt l'accord harmonique de tous les membres au bien du genre-humain. C'eſt donc à entretenir cet accord que doivent tendre tous les foins d'un pere & d'une mere : & toutes les actions par lefquels ils pourront le faire naître & l'affermir, font autant de devoirs auxquels la loi naturelle les oblige.

§. 139. Ce droit s'étend à tous les pères, parce que la loi qui le leur donne eſt univerſelle (§.108.): & comme le but de ce droit eſt de rendre la famille telle, qu'elle foit le plus grand bien poſſible pour la fociété humaine , il eſt manifeſte que ce droit ceſſe dès qu'on perd ce but.

§. 140. Il fe trouve dans une

famille trois états diſtinctifs : celui
de gouverner , celui d'être gou-
verné , & celui de n'être pas gou-
verné & de ne gouverner pas non
plus. Le premier eſt celui du pere & de la mere relativement aux
membres de leur famille ; le ſecond celui des membres relativement au pere & à la mere ; & le
troiſiéme celui des membres entre eux : comme ils doivent tous
obéir au pere * , c'eſt-à-dire , régler leur volonté ſur la ſienne ,
il paroît qu'à cet égard ils ſont
tous égaux entre eux.

§. 141. Le pere étant obligé
de gouverner , c'eſt-à-dire , de diriger la volonté des membres , de
maniére que leurs actions concou-
rent au bien de l'eſpéce humai-

* Nous ne parlerons que du pere ſeul ;
il ſera aiſé d'en déduire ce qui doit en être
rapporté à la mere.

H 4

ne, les premiers foins d'un pere de famille feront de faire pratiquer celles qui tendent à ce but. Le culte divin fera établi. J'entends par *culte divin ces actes extérieurs par lefquels on témoigne que tout ce dont on jouit, vient d'un Etre fuprême, créateur de toutes chofes, & qui porté par fa fageffe à leur accorder l'exiftence, a voulu que les hommes en jouiffent de maniére à contribuer mutuellement à leur bonheur commun.* La juftice fera adminiftrée, l'innocence défendue, & la vertu mife à l'abri des infultes du vice, &c.

§. 142. Mais comme il n'eft pas poffible qu'un pere de famille détermine toutes les actions momentanées des membres qui la compofent; il faut qu'il en laiffe quelques-unes à leur propre jugement; & même celles qu'il détermine , il ne le peut que par la déclaration de fa volonté : cependant il eft obligé de tenir fa famille dans la meilleure pofition poffible pour le bien général , d'où il réfulte qu'il eft obligé de porter des Loix qui déclarent fa volonté , qui apprennent aux membres de la famille ce qu'ils doivent faire en certains cas : d'un autre côté les membres font obligés de déterminer leurs actions felon ces Loix (§. 137.) par rapport à celles qui n'auront point été déterminées par ces Loix , de les déterminer felon les principes de morale établis ci - deffus (§. 125-131,).

§. 143. Comme toutes ces Loix doivent avoir pour but de diriger les actions des membres à une harmonie , qui tende au bien général , & que cette harmonie ne

peut ni naître ni subsister qu'en
maintenant dans chaque partie
une disposition qui y soit propre,
il paroît que tout pere de famille aura soin de porter des Loix
dans lesquelles les devoirs moraux
soient prescrits & affermis ; & de
n'en porter aucune qui y soit contraire à mesure qu'elles seront telles, elles découvriront la sagesse
du pere & feront la félicité de la
famille (§. 137.). Il prêtera sur-tout
une attention particuliére à la justice distributive par laquelle on
observe de charger proportionnellement tous les membres : sans
quoi il ouvre une large porte à
la jalousie, qui fait naître la dif-
fension, & qui par-là détruit les
fondemens nécessaires pour cet accord harmonique, sans lequel il
ne peut atteindre le grand but auquel toutes ses actions doivent être
dirigées.

§. 144. Ayant le droit de gouverner (§. 138.) , de porter des
Loix (§. 142.) , il a le droit de les
rendre refpectables par des peines
& des récompenfes (§. 122.) , &
conféquemment de punir même
de mort un membre dont l'exiftence nuiroit à l'harmonie de fa
famille. Comme il y a des efprits
qui ne faififfent pas la liaifon des
états véritablement heureux avec
les vertus, il eft néceffaire même
que la crainte des peines contribue à déterminer leur volonté :
ce qui eft une feconde raifon pour
laquelle il eft néceffaire à un pere
de famille de porter des Loix.

§. 145. Du droit de gouverner
réfulte celui de fe défendre contre
tous ceux qui voudroient altérer
l'harmonie qui regne dans la famille. Le but & la fin de cette
défenfe font la fureté , c'eft-à-

dire le rétabliffement & le maintien de cette harmonie. Ainfi la défenfe pourra être pouffée jufqu'à faire périr les aggreffeurs ou à les reduire en efclavage ; mais ne pourra jamais l'être jufques à ce dégré, fi la fureté & le maintien de l'accord harmonique dans la famille ne l'exigent pas.

§. 146. Cette défenfe ne doit pas être pouffée plus loin que ne le demande le but du gouvernement, le bien général ; mais auffi pourra-t-elle & devra-t-elle même être pouffée jufques à ce dégré, fi cela fe peut. De forte que le but de fa défenfe comprend celui du bien général & celui de fon bien particulier.

§. 147. Comme la bonne difpofition des autres envers une famille doit en faire la félicité

(§. 137.), un Pere de famille doit
fe l'affurer par tous les moyens
poffibles ; ce devoir nous mene
aux états, appellés *acceffoires*, parce que ne dérivant point du cours
naturel des chofes, ils fuppofent
des obligations & des droits acquis ; on entend par des *obliga-*
tions & des *droits acquis* ceux que
l'homme ne porte pas avec foi
en naiffant, mais auxquels il donne lieu par des faits, qui dépendent de fa volonté.

CHAPITRE XI.

De la différence des Sociétés.

§. 148.

TOutes les actions de l'homme doivent tendre au bien public (§. 129.). Ainsi le but général de nos actions doit être la félicité du genre - humain. Pour répondre à ce but l'homme doit se mettre & se conserver dans la disposition la plus favorable au bien public ; cette disposition sera telle à mesure que toutes ses facultés y seront déterminées, c'est-à-dire, à mesure que ses facultés se trouveront dans un accord qui y tende. Cet accord des facultés de l'homme forme sa *perfection* : la perfection de son être forme donc pour chaque homme un but particulier qui eſt commun à tous.

§. 149. La conſtitution du genre-humain, eſt telle que tous ceux qui le compoſent, n'ont pas le même génie, les mêmes talens, &c. L'un eſt propre au commerce, l'autre aux ſciences, un troiſiéme a du talent pour les arts,&c. La perfeĉtion de l'un ne ſera donc pas la perfeĉtion de l'autre ; elles feront différentes à meſure que leurs facultés différeront : d'où il réſulte que tous les hommes devant avoir le même but général, le bien du genre-humain ; & un but commun, la perfeĉtion de ſon être ; doivent en avoir un particulier, l'accord de leurs facultés particuliéres.

§. 150. Si les hommes différent à de certains égards, ils convien-

nent à d'autres. C'eſt cette convenance qui les rend des Etres
ſociables ; c'eſt-à-dire, des Etres,
dont les forces peuvent être déterminées au même but. Car de
la même maniére que tous doivent avoir un ſeul & même but,
le bien de l'eſpéce humaine , &
un but particulier, celui d'y tendre par les talens qui leur ſont
propres (§. 149) ; ainſi à meſure
que les facultés s'accorderont, ou
différeront, le but particulier de
l'un correſpondra avec celui d'un
autre, de maniére que pluſieurs ,
travaillant à leur perfection particuliére, pourront s'accorder ſur
un ſeul & même but, & y diriger leurs forces ; c'eſt-à-dire , ſe
trouver en ſociété.

§. 151. Chacun doit tendre à ſa
perfection, ce devoir de l'homme
eſt auſſi celui de toute ſociété,
comme

comme il eſt aiſé de s’en convaincre par ce que nous avons dit
plus haut. Il eſt viſible auſſi que
dès que l’homme n’eſt pas obligé
de régler ſa volonté ſur celle d’un
autre , c’eſt à lui ſeul qu’appar-
tient de juger & de connoître de
quelle maniére il peut tendre à ſa
perfeƈtion ; & conſéquemment de
faire choix des moyens qui pa-
roiſſent devoir l’y conduire. Un
tel homme eſt dit *libre*.

§. 152. Comme les mêmes talens conduiſent aux mêmes buts
particuliers , & que les mêmes
buts peuvent faire choiſir les mêmes moyens , il en réſulte que les
hommes libres conſervant une
pleine liberté ſur tous ces moyens,
pourront ſe croiſer , & ſe trouver
mutuellement en oppoſition ; d’où
réſulte l’état de guerre , qui eſt
l’oppoſé du ſociable.

I

§. 153. Comme l'état de guerre tend au malheur du genre-humain, que les hommes doivent éviter tout ce qui produit un pareil effet, & qu'une pleine liberté fur tous les moyens peut mener à un état de guerre, il en réfulte que cette pleine liberté ne doit pas être confervée, mais qu'il faut la limiter aux moyens fur lefquels il n'y a point de rifque de fe rencontrer. C'eft pour cette raifon que l'ufage de l'air, de la mer, &c. ne doit être interdit à qui que ce foit, & que l'empire de la mer eft une prétention infoutenable.

§. 154. D'un autre côté on travaillera avec d'autant plus de fuccès à fa perfection qu'on connoîtra les moyens qui peuvent y conduire ; & cette connoiffance fera d'autant plus complette qu'on faura ceux par lefquels les au-

tres devroient y tendre & ceux
fur lefquels les autres ne fe por-
teront pas ; ainfi il eft non-feulement utile , mais même néceffaire que ceux qui font libres n'ayent
pas une pleine liberté fur tous les
moyens, & conviennent mutuellement de ceux dont ils pourront
faire ufage.

§. 155. L'acte par lequel deux
ou plufieurs perfonnes conviennent d'une feule & même chofe
fe nomme *Contract* ; & l'on appelle *contracter* l'action mutuelle de
convenir fur une feule & même
chofe. De-là il réfulte que tout
homme libre peut & doit renon-
cer à une pleine liberté fur tous
les moyens par les contracts. Il eft
vifible que toute fociété libre peut
faire à cet égard ce que tout homme particulier libre peut faire.
C'eft de ces vérités que réfulte
la néceffité des *propriétés*.

I 2

§. 156. Comme nos actions ne doivent jamais être contraires au bien général, il est évident que tous les contracts qui le font, répugnent aux Loix naturelles, & conféquemment qu'ils font illicites. On prouve de la même maniére, que tout contract, contraire au bien d'une fociété quelconque dont on eft membre, eft refpectivement illicite.

§. 157. *Convenir* fur une feule & même chofe, c'eft fe promettre mutuellement de faire ou d'omettre telle ou telle action; puifque *promettre* eft l'acte, par lequel on déclare vouloir faire ou omettre telle ou telle action. D'ou il réfulte, que les devoirs qui naiffent des promeffes, ont lieu dans les contracts.

§. 158. Quand d'un côté on a promis, & que de l'autre on a ac-

cepté , le promettant eft caufe
que l'acceptant range au nombre
des moyens qui doivent le porter
à fa perfection l'accompliffement
de la promeffe , & conféquemment qu'il y dirige fes actions en
conformité. Si après cela on fe
trouve trompé , on manque fa perfection à mefure de l'influence
que la promeffe avoit fur elle , &
conféquemment on manque de
contribuer au bien général à proportion. D'où il réfulte que celui
qui manque d'accomplir fa promeffe , nuit au bien public.

D'un autre côté , comme l'acceptant peut feul juger combien
fa perfection fouffre par-là , il eft
vifible par les ($. 111. 112.) qu'il
a un droit parfait d'exiger que le
promettant l'en indemnife. On voit
bien qu'une promeffe non accep-
tée ne produit aucune obligation.

I 3

§. 159. Les contracts étant des promesses mutuelles, mutuellement acceptées, il est clair (§. 158.) que les contractans doivent remplir leurs engagemens, & que celui qui demeure en défaut, peut être forcé à réparer le dommage qui en résulte, ou qui pourroit en résulter.

Cette même vérité se manifeste encore dès qu'on fait attention que celui qui manque à son engagement, ou à accomplir une promesse, indique par-là même un caractère qui ne peut que diminuer la bonne disposition des autres envers lui, tandis que celui qui le remplit, montre un caractère qui produit un effet opposé ; raison pour laquelle on estime tant les hommes qui gardent la parole donnée, & qu'on méprise au suprême dégré ceux qui manquent de bonne-foi. Par-là nous voyons aussi qu'il est ridicule de dire : *on fait un contract pour son bien particulier, donc on peut le rompre par le même motif ;* car cela suppose que la violation d'un contract peut tendre au bonheur du perfide , & cette supposition est manifestement fausse.

§. 160. Nous naissons dans un état de société. Le genre-humain forme une société ; ces deux états résultent de la nature des choses, de la constitution essentielle au genre-humain. Dans l'une le père détermine la volonté de ceux qui composent sa famille ; dans l'autre la volonté de chaque membre est déterminée par lui-même. Dans celle-ci tous les membres sont réciproquement égaux , dans celle-là ils ne le sont pas.

§. 161. La définition de société

I 4

nous apprend qu'il peut y en avoir autant de différentes que les buts peuvent varier, & la conftitution du genre-humain nous apprend que ces buts peuvent être diffé-rens & doivent l'être à mefure que les facultés varient. D'un au-tre côté les Loix naturelles nous enfeignent que les hommes doi-vent vivre en fociété (§.148.150.), & que l'accord des facultés vers le bien public, que la perfection doivent former fon but. Cela n'em-pêche pas que dans un fens phy-fique les hommes ne puiffent for-mer d'autres buts, & des fociétés dont les forces ne feront pas dé-terminées au bien général : les hommes peuvent convenir fur des chofes qui tendent à la ruine du bien public ; & malheureufement nous n'en voyons que trop d'exem-ples. Ainfi comme dans nos actions les buts fe diftinguent en bons

& mauvais ; conféquemment les fociétés feront bonnes ou mauvai-fes à proportion de leur rapport au bonheur ou malheur de l'ef-péce humaine.

§. 162. La définition de fociété nous apprend encore que par-tout où les volontés de plufieurs font déterminées par la volonté d'un feul, il y a une fociété. Car en ce cas, la volonté d'un feul fixant la volonté de tous, l'objet de fa vo-lonté fait celui de toutes les vo-lontés ; or l'uniffon des forces ré-fultant néceffairement de l'uniffon des volontés, il eft clair que les forces font déterminées vers un même but dès que les volontés y font portées, & qu'elles le font dès qu'elles font déterminées par la volonté d'un feul.

§. 163. Il n'eft pas moins évi-dent d'un autre côté qu'il n'eft

pas effentiel à la fociété que les
volontés de tous foient déterminées par celle d'un feul. Elle a
lieu dès que les forces font déterminées vers un même but ; conféquemment tout ce qui produit
cet effet, produit par cela même
une fociété. Ainfi lorfqu'un contract aura pour objet la réunion
des forces, il produira une fociété, dont les contractans feront les
membres.

§. 164. Comme l'homme eft
obligé de tendre par tous les
moyens poffibles au bien général
& que parmi ces moyens celui de
s'affocier à d'autres en eft un très-
efficace, il en réfulte qu'il a le
droit de le faire, & qu'il y eft obligé toutes les fois que fes intérêts
l'exigeront.

§. 165. La réunion des forces
étant une fuite néceffaire de la

réunion des volontés, & cette réunion pouvant être produite par
différens moyens, il s'enfuit que
ceux qui fe mettent en fociété,
choifiront celui qui leur paroîtra
le plus propre à l'obtenir.

§. 166. La réunion des volontés produit la réunion des forces,
mais celle - ci n'eft pas toujours
une conféquence de celle-là ; les
forces des hommes peuvent tendre à un but déterminé par des
actions contraintes & forcées :
ainfi la réunion des volontés n'eft
pas un caractère effentiel à la fociété.

§. 167. Le moyen par lequel
les forces de plufieurs doivent être
déterminées vers un même but,
caractérife une fociété & détermine fa conftitution. Il forme fa loi
fondamentale ; parce qu'il contient la raifon pourquoi les vo-

lontés doivent agir de telle ou de telle maniére. Ainſi les ſociétés ſe diſtinguent & par leur but & par le moyen de tendre à leur but.

§. 168. On devroit entendre par *ſociété civile une ſociété dont le but eſt de déterminer par elle-même ſes forces, de maniére à en faire le plus grand bien poſſible pour la ſociété humaine :* il eſt aiſé de démontrer que c'eſt là ſa véritable définition. Ordinairement on entend par ſociété civile une ſociété dont le but eſt ſa ſûreté, ou bien tout ce qui peut tendre à ſon bien-être. Or de la même maniére que nous avons prouvé qu'un homme tend à ſon bonheur à proportion qu'il tâche de contribuer à celui des autres (§. 88.), on peut le convaincre qu'une ſociété augmentera ſon bonheur, ſa ſûreté, &c. à proportion qu'elle contribuera au bonheur de l'efpéce humaine.

Là où il s'agit feulement de la réunion de certains talens, de certaines facultés, comme dans une fociété de commerce, d'affurance, de fcience, &c. le but en eft borné : l'objet eft de contribuer à la perfection de telle fociété par tel & tel moyen, de fe perfectionner à tels ou tels égards : chaque membre confervant à d'autres le choix des moyens qu'il jugera les plus propres pour fe rendre heureux. Dans une fociété civile on n'eft pas limité à tel ou tel moyen particulier. Le but eft le bien général par tous les moyens poffibles. Ce but comprend la réunion de toutes les forces vers le bien du tout.

CHAPITRE XII.

De l'Etat Civil.

§. 169.

NOus avons vû (§. 137.) qu'un
pere de famille doit assurer
par tous les moyens possibles la
bonne disposition des autres envers elle ; ce devoir lui donne le
droit de les assister contre les in-
sultes d'un injuste aggresseur, de
faire des alliances, des traités, &c.

§. 170. Ces alliances, ces traités ne doivent jamais être contraires au bien général (§. 130.).

§. 171. Le même devoir de mettre & de maintenir sa famille dans
la meilleure position possible pour
le bien du tout, donne au pere le
droit de s'associer à d'autres familles, sous les conditions qu'il juge-

ra les plus convenables pour répondre au but de fon devoir. Ces
familles en pourront choifir une
qui ferve de pere à toutes ; ou
une famille peut s'affocier à une
autre , dont le pere fera le pere
commun de deux , fucceffivement
de trois , &c.

§. 172. Une famille qui n'eft
pas affociée à une autre pour tendre au bien général par le concours mutuel de fes forces, forme
donc par elle-même une fociété
civile. En s'affociant à d'autres
pour cette fin , ou fe foumettant
d'autres , &c. l'affemblage de ces
familles formera une fociété civile,
dont les membres feront ces familles. On regarde ces familles formées ainfi en un feul corps , comme une feule perfonne , qu'on
nomme morale, parce que toutes
familles font cenfées n'avoir

qu'une feule volonté , & qu'elles
devroient n'en avoir qu'une (§.
162. 130.).

§. 173. De quelque maniére
qu'on puiffe imaginer la naiffance
ou la formation d'une fociété civile , il eft évident que la volonté
de celui qui détermine l'état de
cette fociété , doit avoir pour objet conftant la perfection de fa fociété , qui eft l'accord de toutes
fes facultés au bonheur du genre-
humain *.

Déterminer l'état d'une fociété
c'eft *gouverner*. Celui qui gouverne, fe nomme relativement à
ceux qui font gouvernés *Souverain*;
& ceux-ci rélativement au Souverain *fujets*. On les appelle rélativement les uns aux autres *citoyens*.

* Cette définition exprime en d'autres mots
celle que nous avons donnée au §. 136.

§. 174.

§. 174. Comme le but de toute
fociété doit être fa perfection, il
s'enfuit, que toute fociété formée
par un motif contraire au bonheur
du genre-humain eft une fociété
illégitime: elle le fera d'autant plus
que fon but s'écartera de celui qui
devroit avoir lieu ; & par une raifon contraire elle fera d'autant plus
équitable que fon but répondra à
celui qui devroit faire fon objet.

§. 175. Une affociation civile ,
ainfi que toute autre, peut fe faire
de mille maniéres; & il n'eft pas
douteux que les fociétés ne fe
foient formées fort différemment.
Ces maniéres fe réduifent à deux
pour l'effet. Elles laiffent à celui
qui doit gouverner le même droit
qu'un pere de famille a ; ou bien
elles déterminent, foit en tout foit
en partie, par quels moyens celui
qui gouverne doit déterminer fa

K

voionté. Les premiéres produi-
fent un gouvernement defpotique,
les autres un gouvernement limité.

§. 176. Comme le but d'une
fociété doit être, ainfi que celui
d'une famille, la perfection de cette fociété, & que ce but ne peut
s'obtenir qu'en confervant dans
toutes fes parties un accord harmonique qui tende au bonheur général, il eft manifefte que le premier devoir de celui qui gouverne
eft de mettre la fociété dans un tel
état que toutes les parties fe trouvent dans cet accord , & de l'y
conferver conftamment. Conféquemment tout gouvernement qui
produira cet effet, fera bon & le
fera proportionnellement à cet effet (§. 161.).

§. 177. Il paroît de-là que de
quelque maniére qu'un gouvernement defpotique foit formé ou éta-

bli , les parties directrices font tenues aux devoirs qui réfultent de
ce que nous avons dit aux (§. 138.
147.),& que ces parties formeront
des biens ou des maux pour cette
fociété à mefure qu'elles travaille-
ront conformément à cet effet.

Comme ces devoirs réfultent des
loix naturelles dont nous avons fait
fentir la force ci-deffus , les obligations d'un Souverain ne deman-
dent pas de nouvelles preuves , &
celles des fujets fe manifeftent dès
qu'on veut bien prendre la peine
de tirer des corollaires des propo-
fitions établies aux (§. 137. 142.).

§. 178. Il n'en eft pas de même
d'un gouvernement limité , c'eft-à-
dire , d'un gouvernement où l'on
a fixé , en s'affociant , par quels
moyens le Souverain détermine-
roit l'état de la fociété au but pref-
crit par la loi naturel. Il eft évident

par ce que nous avons dit aux
(§. 155-159.) que dans ce cas il
doit obferver dans fon gouvernement la Loi fondamentale de fon
état , & ne point s'écarter des conditions auxquelles on le lui a con-
fié ; & que pour le refte il doit le
régler fur le principe fondamental
de toute fociété. D'un autre côté il
eft également manifefte qu'un Souverain , parvenu à la fouveraineté
par le cours des événemens , ou
par voie de contract , a un droit
parfait d'obliger les membres à fe
déterminer felon fa volonté.

§. 179. Il eft encore vifible par
ce que nous avons dit aux (§. 128.
139.) qu'un Souverain ne peut
exiger l'obéiffance qu'autant que
fa volonté a pour objet le but qu'elle doit avoir ; & que ce n'eft que
proportionnellement à la conformité de fa volonté à ce but que les

fujets font obligés de lui obéir.

§. 180. Quand le gouvernement
eft defpotique , un Souverain a le
droit de porter des Loix & de les
changer felon les occurrences; en
fuivant toujours le principe qui
doit le diriger (§. 138.); mais dans
un gouvernement limité il ne
pourra changer les Loix fondamen-
tales que par le confentement de
tous les membres de la fociété
(§. 158. 159.).

§. 181. La juftice diftributive
portera tout Souverain à ne pas
charger un citoyen plus qu'un autre citoyen, ou un corps plus qu'un
autre corps, &c. à regler les im-
pofitions de maniére que chacun
contribue felon fes forces.

§. 182. L'idée de la perfeétion
le portera à diftribuer les emplois
à des gens qui font en état de les
exercer ; à y attacher des émolu-

mens proportionnés aux talens qu'ils exigent ; à fe choifir des confeillers fidéles & francs ; à établir des juges éclairés & intégres, &c.

§. 183. L'idée d'ordre, qui réfulte de celle de la perfeſtion, lui fera porter des Loix de fubordination, régler les rangs, &c.

§. 184. Comme le premier devoir d'un Souverain, en tant qu'être raifonnable, eft de fe concilier l'affeſtion des autres hommes, & que ce devoir devient plus obligatoire par la rélation que la fociété civile fait naître entre le Souverain & le fujet, il obferve ce principe dans toutes fes aſtions ; conféquemment il traitera les fujets avec affabilité : les écoutera avec plaifir, lorfqu'ils lui communiqueront quelques projets utiles, n'en rebutera aucun ; ne rendra pas fon accès difficile, cherchera les

moyens les plus faciles, les plus
agréables & les moins onéreux
pour lever les taxes; diftinguera les
différens ordres de l'état fans jet-
ter une idée de mépris fur quel-
qu'un d'entre eux; parce que tous
font néceffaires pour tendre à la
perfection. Bien-loin de regarder
les négocians comme des gens
adonnés uniquement au gain, de
les éloigner du gouvernement,
comme indignes de repréfenter un
peuple; de méprifer leurs repré-
fentations fur le commerce, de
peur que leurs acquifitions ne les
mettent en état de paroître avec
une certaine fplendeur; un Souverain regardera le corps des négocians comme l'organe par lequel
l'état reçoit toutes les commodités
de la vie ; qui lui donne des citoyens; qui les entretient , & qui
donne à l'Etat cette force & cette
vigueur néceffaires pour avoir quel-

K 4

que influence fur la fituation univerfelle ; il confidérera les mar-
chands comme des gens qui par
une étude particuliére fe font ren-
dus les plus propres pour la geftion
des finances, & dont le génie particulier, cultivé par des occupations
affidues & une expérience du monde auffi étendue que la donne le
commerce, les rend auffi propres
au gouvernement que ceux de tout
autre corps. Il encouragera les arts
& les fciences à proportion qu'elles influeront fur la perfection de
la fociété : enfin il ufera de tous les
moyens poffibles pour mettre &
conferver dans l'état cet accord
harmonique des facultés de toutes
les parties, par lequel en fe conci-
liant l'affection des autres états,
on augmente fa propre félicité.

§. 185. Tels font en général les
devoirs des Souverains envers leurs

fujets , lefquels deviennent des
droits parfaits felon le (§. 112).
*L'affemblage de toutes les Loix felon
lefquelles un Souverain eſt obligé de
gouverner , fe nomme droit politique.*

§. 186. Par la définition que nous
avons donnée d'une fociété civile,
il paroît que toute fociété civile eſt
une fociété libre , fi elle ne l'étoit
pas , elle feroit obligée de déterminer fes forces fur la volonté d'un autre ; & celui-ci devroit les déterminer en les faifant accorder avec
celles d'une autre fociété ; d'où il
s'enfuivroit, que le but particulier
de cette fociété ne fe rapporteroit
pas directement au bien général ;
mais à un accord de forces avec
cette autre fociété, qui rendroit les
deux fociétés une fociété civile.

§. 187. Du droit qu'ont les Souverains de conferver la fociété dont
ils font les chefs, dans la meilleure

diſpoſition pour le bien général, ſe déduiſent tous les devoirs que les Souverains ſe doivent réciproquement, comme ceux des nations ſe déduiſent du devoir de ſe maintenir dans la diſpoſition la plus favorable au bien général. L'aſſemblage des Loix qui fixent les devoirs réciproques des Souverains & des nations, ſe nomme *le droit des gens*. Il eſt aiſé de voir que le principe qui doit diriger les actions d'une ſociété civile, étant le même que celui qui doit diriger celles de l'homme (§. 174. 168. 151.), les actions d'une ſociété feront bonnes, mauvaiſes, juſtes, injuſtes, &c. à proportion qu'elles feront conformes à ce principe ou qu'elles s'en écarteront; & que les ſociétés civiles font tenues préciſément aux mêmes devoirs les unes envers les autres, auxquels les Loix naturelles obligent les hommes en tant que membres de la ſociété humaine.

§. 188. Il réfulte de-là que les nations ont vis-à-vis les unes des autres les mêmes droits que les loix naturelles accordent aux hommes libres ; conféquemment que l'une ne peut en forcer une autre à faire ou à omettre telle ou telle action que par un droit parfait ; & que chaque nation a un droit parfait de tendre à fa perfection par tous les moyens qu'elle jugera pouvoir l'y conduire. De-là fe déduifent les droits du *premier occupant*, &c.

§. 189. Pour la même raifon que les loix naturelles obligent les hommes à convenir fur le choix de certains moyens qui peuvent tendre à leur perfection, afin d'éviter l'état de guerre qu'une pleine liberté à cet égard doit produire néceffairement ; les fociétés ont le droit, & font obligées de s'arranger à cet égard par le moyen des

contraĉts. On nomme ces *Contraĉts*
des *Traités* ; & felon ce qui en fait
le fujet , on les nomme *Traités de*
Commerce , de *Paix* , &c.

§. 190. Les aĉtions d'une fociété
devant toutes fe rapporter au bien
général , il eft clair que les traités
deviennent illicites & par-là même nuls dès qu'ils y font contraires. Et que de la même maniére
que les hommes font obligés de
remplir les engagemens qu'ils con-
traĉtent (§. 159.) , les fociétés civiles font obligées de fatisfaire aux
leurs. Que celui des contraĉtans
qui y manque, donne aux autres un
droit parfait de le forçer à réparer le
dommage qui leur en revient , &c.

§. 191. Il réfulte encore du premier principe de nos devoirs que
les Souverains ont non-feulement
le droit de fe défendre contre un
injufte aggreffeur , jufques à le ré-
duire en efclavage fi le bien de la

société le demande ; de se rendre
respectables par l'entretien des ar-
mées ; de veiller à la sureté du pays
par des places fortes ; d'entretenir
la bonne harmonie avec les puissan-
ces par des ministres publics , &c.
Mais qu'ils ont celui & qu'ils sont
obligés même d'aller au secours
d'une nation attaquée sans raison
légitime par un Prince ambitieux.
La raison en est bien simple. Si dans
un pareil cas je me tiens tranquille,
bien-loin de faire voir une bonne
disposition pour le bien général ,
je témoigne une indifférence qui
la rend avec fondement suspecte
& douteuse. Par-là je dois diminuer la bonne disposition des autres
en ma faveur (§. 128.). On ne regardera pas mon existence comme
un bien si grand pour l'espéce humaine qu'on se l'étoit imaginé , &
par-là j'invite les autres à me refu-
ser du secours si on vient à m'atta-

quer. Il eſt donc du devoir de tout
état d'en ſécourir un autre injuſte-
ment attaqué. Si cela eſt , bien
qu'on n'y ſoit pas engagé par quelque traité , on y eſt bien plus obligé encore dès que par quelque
convention on a promis du ſecours
dans telles & telles circonſtances.
Si l'on manque dans ces cas aux
promeſſes faites, un Souverain, une
nation , un Etat enfin ne peut que
ſe rendre mépriſable & ſe voir à la
fin ſubjugué par le plaiſir que don-
nera ſa chûte. Par une raiſon contraire on s'empreſſera de ſecourir
un Etat dont on eſt perſuadé d'obtenir du ſecours dans les beſoins.
Cette perſuaſion naîtra , quand on
lui verra remplir ſes engagemens
avec fidélité ; & toutes les nations
ſe trouvant animées du déſir d'ê-
tre alliées d'un pareil Etat, l'éle-
veront par cela même à un haut
dégré de pouvoir & de grandeur.

§. 192. Le même principe nous démontre que les puiſſances qui ſe prêtent à maintenir l'équilibre en Europe , ſuivent leur devoir , leur intérêt, & une ſage politique : que c'eſt toujours un mauvais pas de s'engager dans une neutralité.

§. 193. Il eſt aiſé de prouver de la même maniére , qu'une nation qui fait ſes efforts pour ôter à une autre une certaine branche de commerce , donne à celle-ci un juſte ſujet de guerre ; & que c'eſt un penchant bien nuiſible pour une nation de ne buter qu'à ſon propre avantage.

Si on étoit perſuadé que les vertus donnent les plus grands biens & les plus grandes forces & qu'il y a tant de moyens de ſe rendre formidable & d'affermir ſa ſûreté & ſon indépendance , ver-roit-on les nations ſi empreſſées à se nuire, & à se traverser mutuellement ?

Je me borne à cette ébauche de nos devoirs moraux, civils & politiques. On en voit les conséquences & combien il seroit aisé d'en déduire un systême complet de Jurisprudence naturelle prise dans le sens le plus étendu. Tout résulte du principe établi au (§. 128).

La méthode que j'ai suivie dans ce petit essai, me dispense de prouver l'inutilité des consentemens présumés, pactes, décrets, & de l'accord de certaines nations policées, auxquels on a recours pour nous apprendre nos devoirs & nos droits.

F I N.

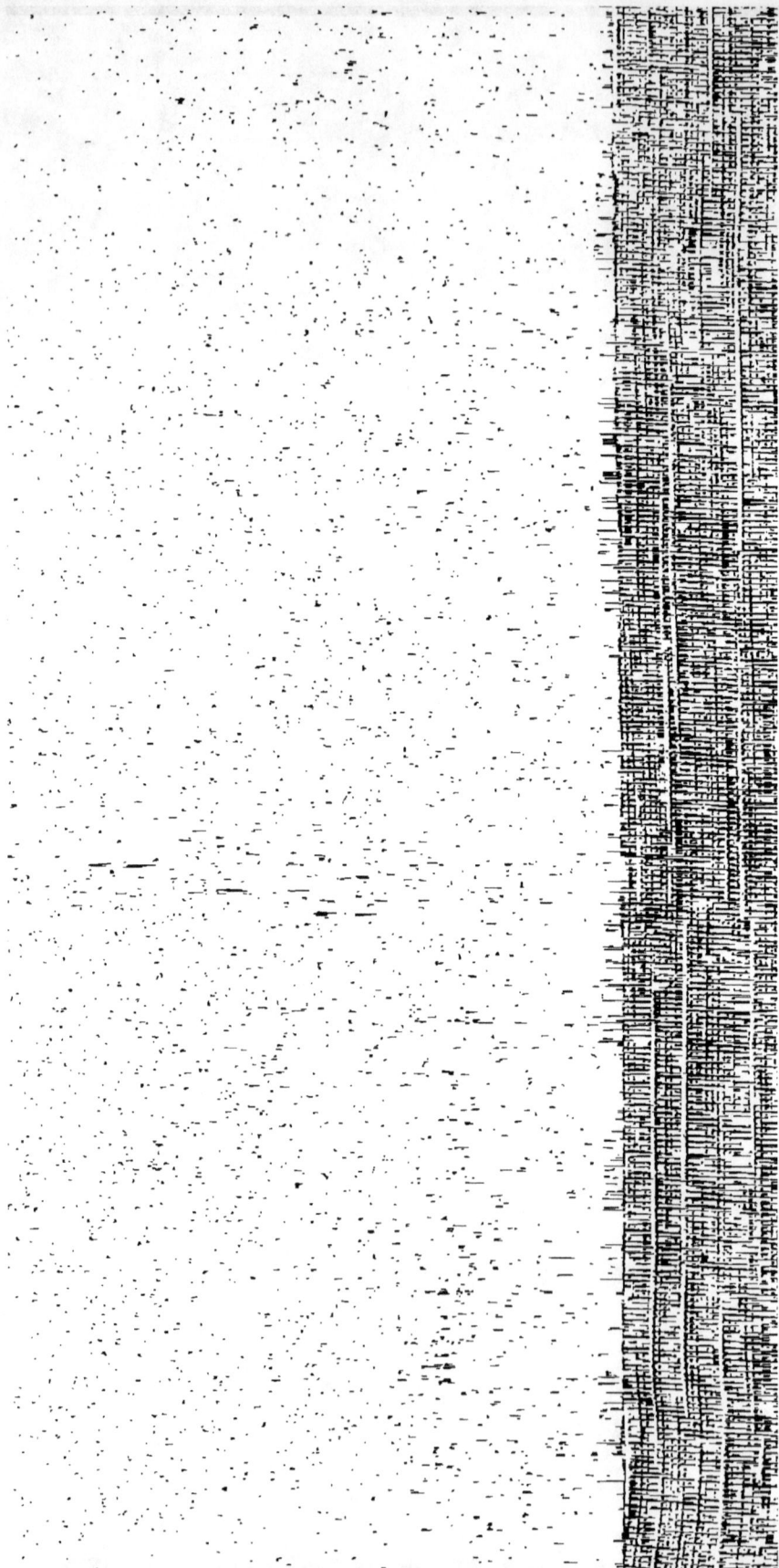

www.ingramcontent.com/pod-product-compliance
Lightning Source LLC
Chambersburg PA
CBHW052059090426
42739CB00010B/2248